초등 한국사로 독해력과 한능검까지 한 번에!

3일 독해   1일 정리

3 1 독해

정흥태 지음

한국사 1권
(선사시대 ~ 남북국시대)

SAMIL | 삼일인포마인

역사는 과거로 떠나는 시간여행이에요. 먼 옛날 구석기 시대부터 현대까지, 역사를 통해 우리는 수많은 사람, 그리고 그들과 관련된 수많은 사건을 만날 수 있어요. 여러분이 이미 잘 아는 사람과 사건을 만날 수도 있고, 낯선 사람과 낯선 사건을 만날 수도 있지요.

역사를 통해 만나게 될 많은 이들, 그 대다수는 이미 교과서나 역사와 관련된 여러 책을 통해 널리 알려진 이들이죠. 하지만 그들만이 역사 속에 존재한 건 아니에요. 절대다수의 사람들은 역사에 그 이름 하나 남기지 못했죠. 그들의 존재까지도 우리가 기억했을 때, 역사는 비로소 온전한 모습으로 우리 앞에 나타날 수 있을 거예요.

우리가 항상 더 나은 세상을 꿈꾸듯이, 과거의 사람들 또한 항상 더 나은 세상을 꿈꾸었을 거예요. 그들이 꿈꾸던 더 나은 세상이란 어떤 세상이었고, 그런 세상을 만들기 위해 어떤 노력을 했는지도 알아볼 거예요. 그것을 통해 우리가 꿈꾸는 세상을 어떻게 만들 수 있는지 알 수 있을 테니까요. 그것이 역사를 배우는 진짜 이유였으면 해요. 과거의 사람들이 역사를 통해 우리에게 그 방법을 알려줄 거예요.

이 책을 통해 여러분의 역사적 상상력이 한껏 펼쳐지고, 그래서 죽은 역사가 생생하게 살아났으면 좋겠어요. 여러분이 역사 속 인물들과 얘기 나누고, 그들의 얘기에 공감하고, 때론 비판할 수 있는 시간여행이 되면 좋겠어요. 항상 여러분의 소중한 꿈을 응원할게요. 마지막으로 이렇게 여러분과 만날 소중한 기회를 주신 삼일인포마인 관계자 여러분, 그리고 항상 저를 응원해주시는 최태성 선생님께도 감사의 말씀을 전합니다.

3일 독해 후 1일 정리!
독해 실력과 역사 지식 습득을 한 번에!

1 부담 없는 학습을 위한 하루 한 장 독해 분량

다양한 사진과 설명을 부담 없는 분량으로 제공하여 지루하지 않게
학습할 수 있습니다.

2 어려움 없는 독해를 위한 친절한 용어 설명 수록

어렵게 느껴질 수 있는 용어에 대해 상세한 설명을 추가했습니다.

3 풍부한 역사 지식 습득을 위한 상세한 역사 해설 수록

상세한 해설을 재미있게 풀어내어 역사에 흥미를 가질 수 있습니다.

4 학습한 내용을 간단한 문제와 함께 복습 가능

빈칸 고르기, 빈칸 채우기, 객관식 문제 등을 통해 학습 효과를
극대화할 수 있습니다.

5 중요 내용을 한눈에 정리할 수 있는 핵심 정리

3일 독해 후 하루는 핵심 정리를 통해 이론을 정리할 수 있습니다.

6 한국사능력검정시험 대비를 위한 기출문제 수록

한능검 기출문제와 상세한 해설을 함께 수록하여 시험 준비가 가능합니다.

이 책의 학습법 및 특징

3일 독해

하루 한 장! 재미있는 역사 이야기로 독해력을 향상시켜 보세요.

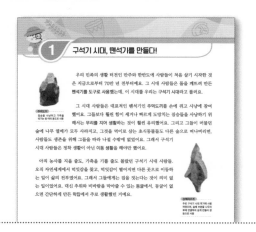

하루 딱 한 장 분량으로 부담 없이 독해 연습을 할 수 있습니다. 글을 읽는 동안 지루함을 느끼지 않도록 다양한 역사 사진과 설명을 함께 수록하였습니다.

친절한 용어 설명과 함께 어려움 없이 독해해 보세요.

어려운 역사 용어에 대해 상세한 설명을 추가했습니다. 검색을 해보지 않아도 이 책만으로 독해하는데 어려움이 없도록 하였습니다.

상세한 역사 해설을 학습하고 더 많은 배경 지식을 쌓아 보세요.

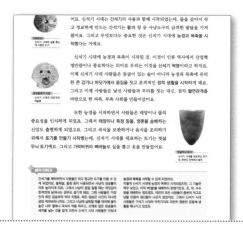

간단한 지식만 습득하는 것이 아닌, 상세한 해설로 더 많은 배경 지식을 쌓을 수 있습니다. 재미있고 유익한 추가 해설로 역사에 흥미를 유발할 수 있도록 하였습니다.

학습한 내용을 간단한 문제와 함께 복습해 보세요.

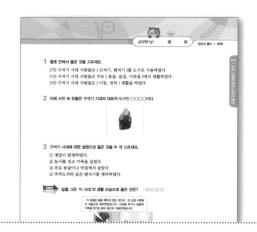

빈칸 고르기, 빈칸 채우기, 객관식 등 다양한 문제를 수록하여 학습한 내용을 바로 복습할 수 있도록 하였습니다. 학습 효과를 극대화하여 독해와 지식 습득 효과를 동시에 얻을 수 있습니다.

3일 독해 후 1일 정리를
통해 학습한 내용을 완벽하게
내 것으로 만들어 보세요.

독해 실력 향상분만 아니라 독해한 내용이 지식으로 이어질 수 있도록 1일 정리 공간을 만들었습니다.
꼭 기억해야 할 핵심 내용만 정리하여 학습의 부담은 줄고 시각적으로 기억할 수 있습니다.

한국사능력검정시험
기출문제를 풀어보고
시험에 대비해 보세요.

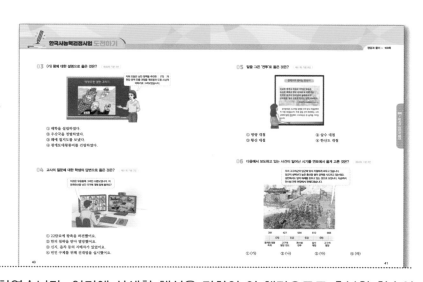

실제 한능검 기출문제를 수록하였습니다. 여기에 상세한 해설을 더하여 이 책만으로도 충분한 학습이
가능합니다. 한능검 시험까지 이 책 한 권으로 한 번에 준비해 보세요.

Contents

PART

Ⅲ 남북국 시대의 전개　62

 정답과 풀이　94

PART

I

역사는 과거로 떠나는 시간여행이에요.

구석기 시대, 신석기 시대, 청동기 시대, 철기 시대의 대표적 도구나 문화유산을 시대별로 구분할 수 있고, 각 시대의 생활 모습이 어떻게 달라졌는지를 파악할 수 있으면 됩니다.

고조선을 포함하여 부여, 고구려, 옥저, 동예, 삼한이 어떤 풍습과 제도를 가진 나라인지도 구분할 수 있어야 하고요. "이건 어떤 시대, 어떤 나라에 대한 설명이야!" 이렇게 구분해가는 것이지요.

선사 시대와 여러 나라의 발전

1 구석기 시대, 뗀석기를 만들다!

주먹도끼
짐승을 사냥하고 가죽을
벗기는 등 여러 용도로 사용

우리 민족의 생활 터전인 만주와 한반도에 사람들이 처음 살기 시작한 것은 지금으로부터 70만 년 전부터예요. 그 시대 사람들은 돌을 깨뜨려 만든 **뗀석기를 도구로 사용**했는데, 이 시대를 우리는 **구석기 시대**라고 불러요.

그 시대 사람들은 대표적인 뗀석기인 **주먹도끼**를 손에 쥐고 사냥에 참여했어요. 그들보다 훨씬 힘이 세거나 빠르게 도망치는 짐승들을 사냥하기 위해서는 **무리를 지어 생활**하는 것이 훨씬 유리했어요. 그리고 그들이 머물던 숲에 나무 열매가 모두 사라지고, 그것을 먹이로 삼는 초식동물들도 다른 숲으로 떠나버리면, 사람들도 생존을 위해 그들을 따라 나설 수밖에 없었어요. 그래서 구석기 시대 사람들은 정착 생활이 아닌 **이동 생활**을 해야만 했어요.

아직 농사를 지을 줄도, 가축을 기를 줄도 몰랐던 구석기 시대 사람들. 오직 자연세계에서 먹잇감을 찾고, 먹잇감이 떨어지면 다른 곳으로 이동하는 일이 삶의 전부였어요. 그래서 그들에게는 집을 짓는다는 것이 의미 없는 일이었어요. 대신 추위와 비바람을 막아줄 수 있는 **동굴**에서, 동굴이 없으면 간단하게 만든 **막집**에서 주로 생활했던 거예요.

슴베찌르개
주로 구석기 시대 후기에 사용
하였으며, 슴베 부분을 나무자
루에 연결하여 길게 만들어 창
등으로 사용

➕ 생각 더하기

구석기 시대에는 늘 먹을 것이 부족한 상황에서 힘센 자가 먹을 것을 혼자 가로채버리면, 남은 무리의 생존이 불가능했어요. 뗀석기라는 매우 원시적인 도구를 가지고 사냥해야 했기 때문에 무리의 숫자가 많을수록 사냥에 유리했어요. 대신 무리 전체가 살아남기 위해서는 함께 사냥하고 사냥감을 함께 나눠 먹는 평등한 공동체 생활을 해야만 했어요. 그래서 구석기 시대는 계급이 발생하지 않은 **평등한 공동체** 사회였어요. 하지만 모두가 배고픈 평등사회였죠. 만주와 한반도에서 펼쳐진 70만

년의 역사 가운데 69만 년의 역사가 구석기 시대였어요. 70만 년의 시간을 하루 24시간으로 바꾸어 계산해보면 새벽 0시부터 밤 11시 40분까지가 구석기 시대였죠. 지금 우리 눈에는 초라하기 짝이 없는 도구처럼 보이지만, 그들은 그 긴 시간 동안 수많은 시행착오를 거치면서 **뗀석기**라는 도구를 만들어냈고, 그런 뗀석기의 제작이 인간과 다른 동물들을 구분 짓게 만드는 거대한 그리고 위대한 첫 발걸음이었죠.

1 괄호 안에서 옳은 것을 고르세요.

(가) 구석기 시대 사람들은 (간석기, 뗀석기)를 도구로 사용하였다.
(나) 구석기 시대 사람들은 주로 (동굴, 움집, 기와집)에서 생활하였다.
(다) 구석기 시대 사람들은 (이동, 정착) 생활을 하였다.

2 아래 사진 속 유물은 구석기 시대의 대표적 도구인 ○○○○이다.

3 구석기 시대에 대한 설명으로 옳은 것을 두 개 고르세요.

① 계급이 발생하였다.
② 농사를 짓고 가축을 길렀다.
③ 주로 동굴이나 막집에서 살았다.
④ 주먹도끼와 같은 뗀석기를 제작하였다.

 밑줄 그은 '이 시대'의 생활 모습으로 옳은 것은?　제49회 기본 1번

이 유물은 돌을 깨뜨려 만든 것으로, 이 시대 사람들이 처음으로 제작하였습니다. 사냥을 하거나 동물의 가죽을 벗기는 용도 등으로 사용되었습니다.

① 철제 농기구로 농사를 지었다.
② 토기를 만들어 식량을 저장하였다.
③ 주로 동굴이나 막집에서 거주하였다.
④ 거푸집을 사용하여 청동기를 제작하였다.

2 신석기 시대, 농경과 목축을 시작하다

가락바퀴
신석기 시대에 실을 뽑는 데 사용된 도구

지금으로부터 약 1만 년 전, 만주와 한반도에서 신석기 시대가 시작됐어요. 신석기 시대는 **간석기의 사용**과 함께 시작되었는데, 돌을 갈아서 작고 정교하게 만드는 간석기는 활과 창 등 사냥도구의 급격한 발달을 가져왔어요. 그리고 무엇보다도 중요한 것은 신석기 시대에 **농경과 목축을 시작**했다는 거예요.

조개껍데기 가면
신석기 시대의 대표적인 예술품

신석기 시대에 농경과 목축이 시작된 것, 이것이 인류 역사에서 산업혁명만큼이나 중요하다는 의미로 우리는 이것을 **신석기 혁명**이라고 하지요. 이제 신석기 시대 사람들은 동굴이 있는 숲이 아니라 농경과 목축에 유리한 큰 강가나 바닷가에서 움집을 짓고 본격적인 **정착 생활을 시작**하게 돼요. 그리고 이제 사람들은 낯선 사람들과 무리를 짓는 대신, 점차 **혈연관계를** 바탕으로 한 씨족, 부족 사회를 만들어갔어요.

또한 농경을 시작하면서 사람들은 태양이나 물의 중요성을 인식하게 되었죠. 그래서 **태양이나 특정 동물, 영혼을 숭배하는** 신앙도 출현하게 되었고요. 그리고 곡식을 보관하거나 음식을 조리하기 위해서 **토기를 만들기 시작**했는데, 신석기 시대를 대표하는 토기는 빗살무늬 토기예요. 그리고 **가락바퀴와 뼈바늘**로 실을 뽑고 옷을 만들었어요.

빗살무늬 토기
신석기 시대를 대표하는 토기로, 한반도 전역에서 발견

➕ 생각 더하기

간석기를 제작하면서 사람들은 작고 정교한 도구를 만들 수 있게 되었어요. 돌화살, 돌창 등이 사용되면서 사냥의 성공률이 아주 높아지게 되죠. 그래서 사냥이 정말 잘될 때는 먹잇감이 한꺼번에 넘쳐나는 경우도 생기게 돼요. 그때 사람들은 가장 먼저 죽은 짐승부터 먹어 치웠죠. 죽은 짐승은 시간이 지나면 금방 썩어버리니까요. 그리고 사냥에 실패할 때를 대비해 쌓아놓은 나무 열매나 곡식이 싹을 틔우고, 산채로 잡은 짐승들이 새끼를 낳는 것을 알게 되면서 신석기 시대 사람들은 마침내

농경과 목축을 시작할 수 있게 되었어요.

이렇게 신석기 시대에 농경과 목축이 시작되었지만, 그 기술은 매우 낮았고, 아직 벼(쌀)를 재배하지 못했거든요. 조, 피, 수수 등을 재배하는 정도였죠. 여전히 모든 사람들이 충분히 먹고도 남을 만큼의 생산물이 나오지 않았어요. 그래서 신석기 시대 사람들은 구석기 시대와 마찬가지로 여전히 평등한 공동체 생활을 해나가고 있었죠.

1 괄호 안에서 옳은 것을 고르세요.

(가) 신석기 시대 사람들은 (간석기, 뗀석기)를 도구로 사용하였다.

(나) 신석기 시대에 (사냥, 농경)이 시작되었다.

(다) 신석기 시대를 대표하는 토기는 (민무늬 토기, 빗살무늬 토기)이다.

2 아래 사진 속 유물은 신석기 시대 사람들이 실을 뽑을 때 사용한 ○○○○이다.

3 신석기 시대에 대한 설명으로 옳은 것은?

① 농경을 시작하였다.

② 비파형 동검을 제작하였다.

③ 주로 동굴이나 막집에서 살았다.

④ 군장의 무덤으로 고인돌을 만들었다.

한능검 기출문제 ▶ (가) 시대의 생활 모습으로 옳은 것은?　제52회 기본 1번

우리가 만들고 있는 것은 (가) 시대 사람들이 처음으로 사용했던 빗살무늬 토기예요. 이 토기로 당시 사람들은 식량을 저장하거나 조리하였지요.

① 가락바퀴를 이용하여 실을 뽑았다.

② 지배층의 무덤으로 고인돌을 만들었다.

③ 거푸집으로 비파형 동검을 제작하였다.

④ 철제 농기구를 사용하여 농사를 지었다.

3 청동기 시대, 계급이 발생하다

비파형 동검
청동기 시대의 대표적인 동
검으로, 만주와 한반도 지역
에서 출토

반달돌칼
청동기 시대에 곡식의 이삭
을 자르는데 사용한 도구로,
돌로 제작

고인돌(탁자식)
청동기 시대 군장의 무덤으로,
계급의 발생을 보여주는 대표
적인 무덤

기원전 2,000년경 만주에 청동기가 보급되기 시작하면서 청동기 시대가 시작되었어요. 청동은 귀한 금속이에요. 게다가 단단하지 않은 금속이죠. 그래서 청동기 시대에 청동으로 농기구를 만들지는 않았어요. 대신 무기나 장식용으로 청동기를 사용했는데, 대표적인 것이 **비파형 동검**이에요.

그리고 신석기 시대부터 시작된 농경은 청동기 시대가 되면서 그 비중이 매우 높아졌고, 농사 도구나 농사 기술 또한 크게 발달하게 되지요. 벼농사가 시작된 것도 청동기 시대부터예요. 청동기 시대에 벼(쌀)를 수확하는 도구로 이용된 것이 **반달돌칼**이에요. 이에 따라 농업 생산력이 크게 증가하면서 **잉여 생산물***이 생겨나게 되는데, 생산 활동에 참여한 이들에게 그 잉여 생산물을 골고루 분배하면서 **사유재산 제도가 출현**하게 되었어요. 그 결과 청동기 시대에는 **빈부의 격차**가 생겨나고, 오랜 평등이 깨어지고, 지배자와 피지배자로 나뉘면서 **계급이 발생**하게 되었어요.

청동기 시대에 계급이 발생하면서 등장한 지배자를 군장 또는 족장이라 하는데, 이들은 자신의 권력을 이용해서 거대한 무덤을 만들었어요. 그 무덤이 바로 **고인돌**이에요.

🔍 * **잉여 생산물**: 모든 사람들이 충분히 먹고도 남을 만큼의 생산물

미송리식 토기(민무늬 토기)
평북 의주 미송리에서 발굴된
민무늬 토기로, 양쪽 옆으로
손잡이가 달려있는 것이 특징

➕ **생각 더하기**

청동기 시대에 농업의 중요성이 높아지면서 농사를 주관한다고 믿던 하늘에 대한 제사의식이 강조되었고, 그 제사의식을 주관하던 제사장의 역할 또한 커지게 되지요. 그리고 그 제사장이 제사의식에 필요한 비용을 마련한다는 핑계로 잉여 생산물의 상당 부분을 가로채기 시작하면서 부족 내에서 점차 **빈부 격차가 생겨**나게 되지요.

빈부 격차에 따른 불만이 커져나갈 때, 제사장은 자신이 모은 재산을 이용해서 자신의 신변 안전을 책임질 군사 집단을 만들어요. 이제 제사장은 종교의식을 주관할 뿐만 아니라, 군사적·정치적 힘을 가진 지배자로 성장하게 되는데, 그가 바로 **군장** 또는 **족장**이에요. 그래서 청동기 시대는 지배자가 종교(제사)에 관한 일과 정치에 관한 일을 함께 담당한다는 의미로 **제정일치 사회**라 표현하고, **계급이 발생**하였다고 하는 것이지요. 그리고 지배자인 군장의 무덤으로 만들어지는 것이 거대한 고인돌인데, **고인돌은 청동기 시대에 계급이 발생한 것을 알려주는 대표적인 유적**이에요. 참, 청동기 시대에는 빗살무늬 토기 대신 무늬가 없는 토기인 **민무늬 토기**가 제작되었어요.

1 괄호 안에서 옳은 것을 고르세요.

(가) 청동기 시대 사람들은 (비파형 동검, 세형 동검)을 제작하였다.

(나) 청동기 시대에 등장한 대표적 도구는 (반달돌칼, 가락바퀴)이다.

(다) 청동기 시대를 대표하는 문화유산은 (고인돌, 빗살무늬 토기)이다.

2 아래 사진 속 문화유산은 청동기 시대에 지배자의 무덤으로 만들어진 ○○○이다.

3 청동기 시대에 대한 설명으로 옳은 것은?

① 계급이 발생하였다.

② 농경과 목축을 시작하였다.

③ 가락바퀴를 처음 사용하였다.

④ 주로 동굴이나 막집에서 생활하였다.

한능검 기출문제 (가) 시대의 생활 모습으로 옳은 것은?   제51회 기본 1번

이 영상은 (가) 시대의 대표적 무덤인 고인돌의 축조 과정을 재현한 것입니다. 이처럼 축조에 많은 노동력이 동원되어야 한다는 점을 통해 당시에 권력을 가진 지배자가 있었음을 알 수 있습니다.

① 우경이 널리 보급되었다.

② 주로 동굴이나 막집에서 거주하였다.

③ 반달돌칼을 사용하여 벼를 수확하였다.

④ 실을 뽑기 위해 가락바퀴를 처음 사용하였다.

핵심정리

📖 구석기, 신석기, 청동기 시대

시대	대표 유물, 유적	생활	대표 유적지
구석기 시대	뗀석기 (주먹도끼, 슴베찌르개)	사냥과 채집에 의존 ➡ 무리를 짓고, 이동 생활 ➡ 주로 동굴이나 막집에서 생활	충남 공주 석장리 경기 연천 전곡리
신석기 시대	간석기 빗살무늬 토기 가락바퀴 움집	농경과 목축의 시작 ➡ 정착 생활(움집), 태양 숭배 등 신앙 발달	서울 암사동 부산 동삼동 강원 양양 오산리
청동기 시대	고인돌 비파형 동검 민무늬 토기 반달돌칼	벼농사 시작(반달돌칼) ➡ 생산력 증가(사유 재산) ➡ 계급 발생(고인돌) ➡ 국가의 출현(고조선)	충남 부여 송국리

01 다음 축제에서 체험할 수 있는 활동으로 적절한 것은?　제57회 기본 1번

① 가락바퀴로 실 뽑기
② 뗀석기로 고기 자르기
③ 점토로 빗살무늬 토기 빚기
④ 거푸집으로 청동검 모형 만들기

02 (가)에 들어갈 유물로 옳은 것은?　제43회 초급 1번

① 주먹도끼

② 갈돌과 갈판

③ 반달돌칼

④ 비파형 동검

03 다음 체험전에서 볼 수 있는 유물로 적절한 것은? 제44회 초급 1번

① 가락바퀴	② 호우명 그릇
③  농경문 청동기	④  기마 인물형 토기

04 (가) 시대에 처음 제작된 유물로 옳은 것은? 제47회 기본 1번

① 주먹도끼	② 갈돌과 갈판
③ 비파형 동검	④ 철제 농기구

05 (가) 시대의 생활 모습으로 옳은 것은? 제48회 기본 1번

① 우경이 널리 보급되었다.
② 비파형 동검을 제작하였다.
③ 철제 농기구를 사용하였다.
④ 주로 동굴과 막집에서 거주하였다.

06 (가) 시대의 생활 모습으로 옳은 것은? 제55회 기본 1번

① 우경이 널리 보급되었다.
② 철제 무기를 사용하였다.
③ 주로 동굴이나 막집에서 살았다.
④ 지배자의 무덤으로 고인돌을 만들었다.

4 청동기 시대를 배경으로 고조선이 건국되다

우리 역사상 최초의 국가는 어떤 나라일까요? 맞아요, 고조선이에요. 고조선은 **청동기 시대에 등장한 나라**예요. 고조선을 세운 사람은 **단군왕검**이죠. 여기서 단군은 제사장, 왕검은 정치지배자를 의미해요. **청동기 시대는 제정일치의 사회**였다는 사실과 연결되지요. 청동기 시대에 계급이 발생했다는 얘기 기억나지요? 바로 그 청동기 시대의 변화를 바탕으로 고조선이라는 나라가 처음 건국된 거예요.

그리고 **단군의 건국 이야기**가 실려있는 가장 오래된 역사책이 고려 시대 일연이 쓴 『삼국유사』인데, 그 책을 보면 환인의 아들 환웅이 바람, 비, 구름을 다스리는 신하들을 데리고 인간 세계에 내려왔다는 얘기부터 시작이 되지요. 이는 고조선이 하늘을 숭배하는 부족이 만든 나라이고, **농경이 발달**했다는 것을 알려줘요.

고조선은 왕 아래에 상, 대부, 장군 같은 관료들을 두었다고 전해져요. 그리고 8개의 조항으로 이뤄진 법이 있었다고 해요. 그것을 **8조법(또는 범금 8조)**이라고 하죠. 이렇게 청동기 시대를 배경으로 건국되었던 고조선은 훗날 철기문화를 받아들이며 더욱 크게 발달하게 돼요.

하지만 고조선이 너무 강대해지자 여기에 불만을 가진 중국 한나라가 고조선을 침략하였고, 1년 넘게 **한의 침략**에 맞서 싸우던 고조선은 결국 **왕검성이 함락**되면서 멸망하게 돼요.

고조선의 문화 범위

생각 더하기

고조선의 원래 이름은 '조선'이었는데, 훗날 1392년에 이성계 등이 건국한 조선과 구분하기 위해 옛 고(古)자를 앞에 붙여 고조선이라고 불러요.

고조선의 8조법 가운데 지금까지 전해지는 3개 조항이 있어요. '사람을 죽인 자는 사형에 처한다.' 이 조항은 생명과 노동력을 중시했다는 것을 알려줘요. 그리고 '남에게 상처를 입힌 사람은 곡식으로 갚는다.' 이 조항은 '곡식'이라는 말에서 고조선이 **농경사회**였다는 것, 그리고 '갚는다'라는 말에서 사유재산이 존재했다는 것을 알 수 있어요. 마지막 '도둑질한 사람은 노비로 삼거나 50만 전을 내야 한다.'는 조항이 있는데, 이는 **사유재산(도둑질), 신분 제도(노비), 화폐(50만 전)**가 존재했다는 것을 알려주죠.

그리고 오른쪽 지도처럼 **고조선의 문화 범위**가 얼마만큼이었는지는 **비파형 동검**과 **미송리식 토기**, 그리고 **탁자식 고인돌**이 주로 발견되는 지역으로 추정할 수 있지요.

1 괄호 안에서 옳은 것을 고르세요.

(가) 고조선은 (신석기 시대, 청동기 시대)를 배경으로 건국되었다.

(나) 고조선의 건국 이야기가 실려있는 역사서는 (삼국사기, 삼국유사)이다.

(다) 8조법은 (고조선, 고구려)의 법률이었다.

(라) 고조선은 중국 (한, 당)의 침략으로 멸망하였다.

2 다음 중 고조선의 문화 범위를 알려주는 문화유산이 아닌 것은?

(가) 탁자식 고인돌　　(나) 비파형 동검　　(다) 반달돌칼　　(라) 미송리식 토기

3 고조선에 대한 설명으로 옳은 것은?

① 주몽이 건국하였다.

② 영고라는 제천 행사가 있었다.

③ 청동기 문화를 바탕으로 건국되었다.

④ 제가회의를 통해 국가의 중요한 일을 결정하였다.

한능검 기출문제　다음 퀴즈의 정답으로 옳은 것은?　제49회 기본 2번

1단계 청동기 문화를 바탕으로 성립하였다.

2단계 평양성을 도읍으로 삼았다.

3단계 범금 8조가 있었다.

4단계 한 무제의 공격으로 멸망하였다.

제시된 단계별 힌트를 종합하여 알 수 있는 국가는 어디일까요?

한국사 퀴즈왕

310　　300

① 동예　　　② 부여　　　③ 고구려　　　④ 고조선

5 철기 시대, 여러 나라가 세워지다(부여와 고구려)

철기 시대 여러 나라의 위치

기원전 5세기경, 그러니까 지금부터 2,500년 전쯤에 만주와 한반도에 철기가 보급되기 시작했어요. 철기 시대에는 아주 많은 나라들이 등장하지요. **부여, 고구려, 옥저, 동예, 삼한**이 바로 철기 시대를 배경으로 등장한 나라들이에요.

먼저 **부여**부터 볼게요. 부여는 만주의 쑹화강 유역에 세워진 나라예요. 왕의 힘이 아주 강하지 못한 까닭에 왕은 중앙의 땅만 직접 다스리고, 나머지 지역은 **마가, 우가, 저가, 구가**라고 불리는 군장들이 각각 다스렸는데, 이것을 **사출도**라고 했어요. 부여는 12월에 **영고**라는 제천 행사를 열었어요. 그리고 왕이나 귀족이 죽으면 사람을 함께 묻는 **순장**이라는 풍습도 있었어요. 또한 남의 물건을 훔치면 그것의 12배를 배상하게 했는데, 이를 '**12책법**'이라고 했어요.

다음은 **고구려**예요. 고구려는 부여에서 내려온 **주몽**이 압록강 유역의 토착 세력과 결합하여 졸본에 도읍을 정하고 세운 나라예요. 고구려는 곧 국내성으로 도읍을 옮겼죠. 고구려는 왕 아래에 **상가, 고추가** 등 여러 가(加)들이 있었는데 이들은 귀족이에요. 고구려에서는 나라의 중요한 일을 결정할 때 여러 가들이 모여서 회의를 열었는데 이를 '**제가회의**'라 했어요. 그리고 10월에 동맹이라는 제천 행사를 열었어요. 독특한 혼인 풍습으로 **서옥제**라는 것이 있었어요.

세형동검

명도전

➕ 생각 더하기

철로 만든 농기구로 농사를 지으면서 생산력이 급격히 늘어나게 돼요. 한 사람이 농사지을 수 있는 면적도 급격히 늘어나지요. 그래서 철기 시대에는 더 넓은 영토를 차지하기 위한 다툼(전쟁)이 많아졌어요. 그 결과 정복활동을 통해 세력을 넓힌 세력이 나라를 세우기 시작했고, 반대로 다른 세력의 침략을 막아내기 위해서 힘을 합친 세력들이 나라를 세우기도 했어요. 그래서 철기 시대에는 아주 많은 나라들이 등장하지요.

참, 철기 시대에도 청동으로 만든 동검이 만들어져요. 바로 **세형동검**인데, 청동기 시대의 비파형 동검과는 모습이 다르지요. 그리고 철기 시대에는 **중국과의 교류도 활발**했어요. 철기 시대 유적지에서 발견되는 유물 가운데 **명도전**, 반량전 같은 화폐가 있는데 이것이 중국의 화폐거든요. 그리고 경남 창원 다호리라는 곳에서 발견된 붓을 통해 이 시기에 한자가 전래되었을 거라고 짐작을 하지요.

1 괄호 안에서 옳은 것을 고르세요.

(가) 세형동검은 (청동기 시대, 철기 시대)에 제작되었다.

(나) 부여, 고구려 등은 (청동기 시대, 철기 시대)에 건국되었다.

(다) (부여, 고구려)는 영고라는 제천 행사와 사출도가 있었다.

(라) (부여, 고구려)는 서옥제라는 혼인 풍습이 있었고, 제가회의에서 국가의 중요한 일을 결정하였다.

2 빈칸에 들어갈 말을 보기에서 골라 적으세요.

> 동맹, 영고, 주몽, 졸본, 국내성, 사출도, 제가회의

(가) 고구려를 건국한 사람은? (   )

(나) 부여에는 마가, 우가, 저가, 구가가 다스리는 지역이 따로 있었는데 이를 (   )라 하였다.

(다) 부여의 제천 행사는 (   ), 고구려의 제천 행사는 (   )이다.

(라) 고구려는 압록강 유역의 (   )에 도읍을 정하였다가 곧 (   )으로 도읍을 옮기었다.

(마) 고구려는 (   )에서 나라의 중요한 일을 결정하였다.

3 부여에 대한 설명으로 옳은 것은?

① 주몽이 건국하였다.

② 동맹이라는 제천 행사가 있었다.

③ 서옥제라는 혼인 풍습이 있었다.

④ 훔친 물건의 12배를 배상하게 하였다.

 학생들이 공통으로 이야기하고 있는 나라를 지도에서 옳게 찾은 것은? 제52회 기본 2번

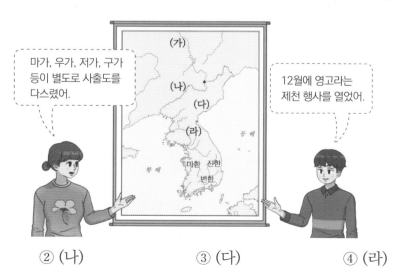

① (가)   ② (나)   ③ (다)   ④ (라)

23

철기 시대, 여러 나라가 세워지다(옥저와 동예, 그리고 삼한)

솟대
삼한의 소도가 신성한 지역임을 알려주던 상징물

이제 옥저와 동예에 관해 알아볼게요. 두 나라는 특이하게 왕이 없었어요. 대신 읍군과 **삼로**라고 불리는 군장들이 각각의 지역을 다스리는 나라였어요.

옥저에는 **민며느리제***라는 혼인 풍습이 있었어요. 그리고 가족 공동 **무덤**이 있던 것도 특이한 풍습이었어요.

동예는 특산물로 **단궁*, 과하마*, 반어피*** 등이 유명했어요. 또 같은 씨족끼리 혼인하지 않는 풍습이 있었는데 이를 **족외혼**이라고 했어요. 그리고 다른 부족의 경계를 침범하면 노비, 소, 말 등으로 보상하게 했는데 이를 **책화**라고 했어요. 그리고 10월에는 **무천**이라는 제천 행사를 열었어요.

다음은 삼한이에요. 삼한은 크고 작은 여러 나라들이 있었는데 그곳에 **신지, 읍차**로 불리는 군장 말고, **천군**이라고 불리는 **제사장**이 있었어요. 이 천군은 **소도**라는 곳에서 제사의식을 주관했어요. 그리고 삼한은 한반도 남쪽에 위치한 까닭에 농경에 유리했고, 일찍부터 **벼농사가 많이 발달**했어요. 그래서 농사가 본격적으로 시작되는 **5월**과 농사가 마무리되는 **10월**에 각각 하늘에 **제사를 지냈**어요. 그리고 삼한 가운데 **변한 지역**은 철 생산이 풍부해서 덩이쇠를 화폐처럼 사용하였고, 낙랑과 왜 등에 철을 수출하기도 했어요.

 * 민며느리제: 옥저의 혼인 풍습으로 장래에 혼인을 약속하고, 여자가 어렸을 때에 남자 집에서 생활하다가, 성장하면 남자가 여자 집에 예물을 치르고 혼인을 하는 풍습이다.
* 단궁: 박달나무로 만든 단단한 활
* 과하마: 과일 나무 아래를 지나갈 만큼 키가 작은 말을 뜻한다.
* 반어피: 바다표범의 가죽

➕ 생각 더하기

삼한은 3개의 한(韓)을 합쳐 부르는 말로, **마한, 변한, 진한**이 있어요. 그런데 자세히 보면 마한에는 무려 54개의 작은 나라들이 있었고, 변한과 진한에도 각각 12개의 작은 나라들이 있었어요. 그 작은 나라들을 다스리는 사람(군장)을 **신지, 읍차**라고 불렀어요. 이 삼한 가운데 세력이 가장 컸던 나라가 마한 지역에 있던 **목지국**이었어요. 그래서 목지국의 군장이 삼한을 대표했어요.

이들 삼한 가운데 마한의 여러 소국들은 백제가 통합하였고, 진한의 여러 소국 가운데 사로국이 신라로 발전하며 진한 지역을 통합하게 되지요. 그리고 변한의 여러 소국들은 가야연맹으로 발전하지요.

그리고 삼한의 소도는 종교적으로 신성한 지역이라 죄를 지은 자가 소도로 숨어들면 신지와 읍차 등이 잡을 수가 없었어요. 이를 통해 삼한이 종교와 정치가 분리된 **제정분리**의 사회였다라고 얘기하지요.

1 괄호 안에서 옳은 것을 고르세요.

(가) 단궁, 과하마, 반어피는 (옥저, 동예)의 특산물이다.

(나) (옥저, 동예)에서는 남의 읍락을 침범하면 노비나 소, 말 등으로 배상하는 책화라는 풍습이 있었다.

(다) 삼한에서는 천군이 다스리는 (소도, 사출도)를 두었다.

(라) 삼한 가운데 (마한, 변한, 진한)에서는 철 생산이 풍부하여 이를 낙랑, 왜 등에 수출하였다.

2 어떤 나라에 대한 설명인지 나라 이름을 아래 보기에서 골라 적으세요.

> 부여, 고구려, 옥저, 동예, 삼한

(가) 왕이 없고, 읍군과 삼로가 작은 나라들을 다스렸던 두 나라는? (,   )

(나) 민며느리제라는 혼인 풍습이 있었던 나라는? (   )

(다) 신지, 읍차 등이 다스리는 작은 나라들과 천군이 다스리는 소도가 있었던 나라는? (   )

(라) 서옥제라는 혼인 풍습과 제가회의를 두어 나라의 중요한 일을 결정한 나라는? (   )

3 동예에 대한 설명으로 옳은 것은?

① 무천이라는 제천 행사가 있었다.

② 신지, 읍차 등의 지배자가 있었다.

③ 민며느리제라는 혼인 풍습이 있었다.

④ 청동기 문화를 배경으로 건국되었다.

한능검 기출문제 ▶ 학생들이 공통으로 이야기하고 있는 나라에 대한 설명으로 옳은 것은? [제54회 기본 2번]

① 서옥제라는 혼인 풍습이 있었다.

② 소도라고 불리는 신성 구역이 있었다.

③ 범금 8조를 만들어 사회 질서를 유지하였다.

④ 단궁, 과하마, 반어피 등의 특산물이 있었다.

📖 고조선, 부여 등 여러 나라의 발달

나라 이름	정치	풍습
고조선	· 청동기 문화 배경, 우리 역사상 최초의 국가 · 단군왕검이 건국(『삼국유사』에 기록) · 한 무제의 침입 → 왕검성 함락(멸망)	· 8조법 · 제정일치 사회
부여	· 사출도(마가, 우가, 저가, 구가)	· 영고(제천 행사) · 12책법
고구려	· 주몽이 졸본에 건국 → 국내성으로 천도 · 제가회의(상가, 고추가)	· 동맹(제천 행사) · 서옥제
옥저	· 고구려의 간섭을 받음. · 읍군과 삼로가 다스림(왕이 없음).	· 민며느리제
동예	· 고구려의 간섭을 받음. · 읍군과 삼로가 다스림(왕이 없음).	· 무천(제천 행사) · 책화 · 단궁, 과하마, 반어피
삼한	· 마한, 변한, 진한의 여러 소국을 신지, 읍차 등이 다스림. · 소도는 천군이 다스리는 신성 지역 · 변한은 철 생산 풍부	· 제정 분리(소도) · 5월과 10월 계절제 · 벼농사 발달

01 (가) 나라에 대한 설명으로 옳은 것은? 제55회 기본 2번

① 낙랑과 왜에 철을 수출하였다.
② 영고라는 제천 행사를 열었다.
③ 서옥제라는 혼인 풍습이 있었다.
④ 건국 이야기가 삼국유사에 실려 있다.

02 다음 자료에 해당하는 나라에 대한 설명으로 옳은 것은? 제57회 기본 3번

> ○ 위서에 이르기를, "지금으로부터 2천여 년 전에 단군왕검이 아사달에 도읍을 정하였다."고 하였다.
> – 「삼국유사」 –
>
> ○ 누선장군 양복(楊僕)이 군사 7천을 거느리고 먼저 왕검성에 도착하였다. 우거가 성을 지키고 있다가 양복의 군사가 적은 것을 알고 곧 나가서 공격하니 양복이 패하여 달아났다.
> – 「삼국유사」 –

① 신성 지역인 소도가 있었다.
② 낙랑, 왜 등에 철을 수출하였다.
③ 화백 회의에서 중요한 일을 결정하였다.
④ 사회 질서를 유지하기 위해 범금 8조를 만들었다.

03 (가)에 들어갈 내용으로 옳은 것은? 제50회 기본 2번

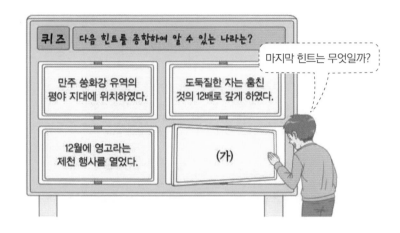

① 소도라고 불리는 신성 지역이 있었다.
② 읍락 간의 경계를 중시한 책화가 있었다.
③ 범금 8조를 통해 사회 질서를 유지하였다.
④ 여러 가(加)들이 별도로 사출도를 주관하였다.

04 (가) 나라에 대한 설명으로 옳은 것은? 제43회 초급 2번

① 화백 회의를 열었다.
② 독서삼품과를 실시하였다.
③ 국내성으로 도읍을 옮겼다.
④ 소도라는 신성 구역이 있었다.

05 (가) 나라에 대한 설명으로 옳은 것은? 제57회 기본 2번

① 서옥제라는 혼인 풍습을 표현해 보자.
② 무예를 익히는 화랑도의 모습을 보여주자.
③ 특산물인 단궁, 과하마, 반어피를 그려 보자.
④ 지배층인 마가, 우가, 저가, 구가를 등장시키자.

06 밑줄 그은 '이 나라'에 대한 설명으로 옳은 것은? 제47회 기본 3번

① 범금 8조로 백성을 다스렸다.
② 영고라는 제천 행사를 열었다.
③ 서옥제라는 혼인 풍습이 있었다.
④ 신지, 읍차 등의 지배자가 있었다.

PART

II

이제 조금은 여러분에게 익숙한 시대를 살펴볼 거예요. 바로 삼국 시대예요. 고구려, 백제, 신라, 이렇게 삼국의 이야기를 중심으로 해나가면서 거기에 가야의 이야기가 더해질 거예요. 각각의 나라에서 크게는 어떤 역사적 사실이나 제도, 문화유산이 어느 나라와 관련된 것인지를 구분하는 것이 중요해요. 그런 다음에 각각의 나라에서 어느 왕 때 어떤 일들이 있었는지에 초점을 맞춰 살펴볼 거예요. 거기에 여러분의 역사적 상상력을 더해서 그런 일들이 왜 일어났는지도 살펴보면 더 의미가 있겠죠.

참, 역사를 공부하면서 시시콜콜하게 연도 하나하나까지 기억할 필요는 없어요. 심지어 같은 왕 때 일어난 사실에 대해서도 어떤 것이 먼저인지를 꼭 구분하지 않아도 돼요. 예를 들어 신라의 법흥왕 때 율령을 반포한 것이 먼저인지, 불교를 공인한 것이 먼저인지까지는 알 필요가 없다는 거예요.

삼국의 성립과 발전

7 고구려, 만주를 지배하다!

부여에서 내려온 **주몽**이 압록강 유역의 졸본에 세운 나라가 고구려였죠. 그 고구려는 곧 수도를 졸본에서 국내성으로 옮기고, 주변의 크고 작은 나라들을 정복하면서 성장을 해나갑니다. **태조왕 때** 옥저를 정복한 것, 그리고 중국 한나라가 옛 고조선 땅에 설치했던 여러 군현들도 몰아내는데, 그 가운데 **미천왕 때 낙랑군을 멸망**시킨 것이 대표적이에요. 이렇게 고구려의 역사는 잦은 전쟁의 연속이었고, 그 과정에서 수많은 농민들이 전쟁에 군사로 동원되었지요. 그래서 고구려는 **고국천왕 때 진대법***을 실시하여 농민들의 몰락을 막고자 했어요.

그런 고구려에 큰 위기가 찾아왔어요. 4세기 백제의 전성기를 이끌던 근초고왕의 평양성 공격으로 고구려의 고국원왕이 전사한 거예요. 그 위기를 극복하고자 **소수림왕이 율령***을 반포하고, **불교***를 받아들이고, **태학***이라는 최고 교육기관을 세워 고구려의 힘을 하나로 묶어내지요.

그 뒤를 이어 왕위에 오른 이가 바로 **광개토대왕**이에요. 4세기 말(391년) 왕위에 오른 광개토대왕은 남쪽으로 백제를 공격하여 한강 이북을 차지했어요. 그리고 신라 내물왕의 요청을 받아들여 5만의 군사를 보내 **신라에 침입한 왜를 격퇴**해주었어요. 이 과정에서 고구려 군대가 왜를 가야 지역까지 추격하였고, 그 결과 당시 가야연맹을 이끌던 **금관가야가 급격히 쇠퇴**하게 되지요. 한편, 이때부터 신라에 대한 고구려의 영향력이 커지게 되는데, 그 사실을 알려주는 유물이 '**호우명 그릇**'이에요.

호우명 그릇
신라의 수도였던 경주의 호우총에서 발견된 그릇으로, 그릇 바닥부분에 광개토대왕의 업적을 기리는 내용이 새겨져 있다. 고구려와 신라의 긴밀한 관계를 보여주는 유물

그리고 광개토대왕은 북쪽으로도 영토를 엄청나게 확대하였는데, 그런 그의 업적을 기리는 뜻에서 왕의 이름이 '널리 영토를 개척한 대왕', 즉 광개토대왕이 된 것이죠. 또한 광개토대왕은 고구려가 중국과 대등한 나라라는 의미로 '영락'이라는 독자적인 연호를 사용하기도 했어요.

➕ 생각 더하기

우리 역사상 가장 광대한 영토를 차지했던 나라인 고구려, 그 고구려의 역사는 거듭되는 전쟁의 역사이기도 해요. 그런 전쟁이 계속되면서 많은 고구려의 군사들이 전쟁터에서 수없이 죽어갔지요.
고구려의 군사들은 평소에 농사를 짓던 농민들이었어요. 그러다 전쟁이 나면 군사가 되어 전쟁터에 나가 싸우는 것이죠. 그래서

고구려는 **진대법**과 같은 제도를 만들어 농민들의 굶주림을 막고, 농민들에게 국가에 대한 고마움을 갖게 하려 했던 것이고요.
또한 거듭되는 전쟁을 수행하기 위해서는 여러 세력의 도움이 필요했어요. 그래서 군사를 거느리고, 왕을 도와 전쟁에 참여하는 여러 가(加)들에게 국가의 중대사를 함께 결정할 수 있는 권리를 주었는데, 그것이 바로 고구려의 귀족회의인 '**제가회의**'예요.

1 괄호 안에서 옳은 것을 고르세요.

(가) 태조왕은 (옥저, 동예)를 정복하였다.

(나) 낙랑군을 몰아낸 것은 (고국천왕, 미천왕) 때의 일이다.

(다) (소수림왕, 광개토대왕)은 영락이라는 연호를 사용하고, 신라에 침입한 왜를 격퇴하였다.

2 아래 사진 속 유물은 신라가 고구려의 도움과 간섭을 받았다는 사실을 알려주는 유물인 ○○○ 그릇이다.

3 고구려 소수림왕에 대한 설명으로 옳지 않은 것은?

① 율령을 반포하였다.　　② 불교를 공인하였다.

③ 태학을 설립하였다.　　④ 신라에 침입한 왜를 격퇴하였다.

한능검 기출문제 (가)에 들어갈 내용으로 옳은 것은? 제54회 기본 3번

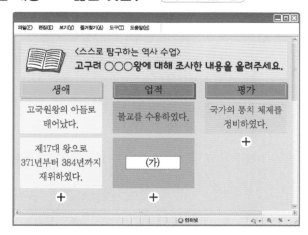

① 태학을 설립하였다.　　② 병부를 설치하였다.

③ 화랑도를 정비하였다.　　④ 웅진으로 천도하였다.

- **진대법**: 고국천왕 때 을파소의 건의로 실시한 제도이다. 봄에 백성들에게 곡식을 빌려주고 가을에 돌려받는 제도로, 백성들의 몰락을 막는 역할을 하였다.
- **율령**: '율'은 죄를 다스리는 형법, '령'은 통치제도를 정리한 행정법을 의미하는데 율령의 반포는 국가체제가 정비되었음을 의미한다.
- **불교 공인**: 부처는 고통받는 중생을 구원하는 존재인데, 우리나라의 불교는 왕을 부처와 같은 존재로 설명하며 왕권을 강화시키는 역할을 하였다.
- **태학**: 고구려의 최고 교육기관으로 유학을 가르쳤다. 유학은 임금을 부모와 같은 존재로 설명하며 왕에 대한 충성을 강조하였는데, 이는 왕권을 강화시키는 역할을 하였다.

8 고구려의 전성기, 그리고 위기

고구려의 전성기(장수왕)

광개토대왕의 뒤를 이어 412년에 왕위에 오른 이가 **장수왕**이에요. 왜 장수왕일까요? 맞아요. 정말 오래 살았거든요. 왕으로 있던 기간만 무려 78년이었고, 98세의 나이에 죽거든요.

아버지 광개토대왕의 업적을 기리기 위해 **광개토대왕릉비를 만든 것**도 **장수왕**이에요. 장수왕은 **수도를 국내성에서 평양성으로 옮겨(평양 천도)**요. 이제 본격적으로 남쪽으로 세력을 넓히자는 것이죠. 그러자 신라와 백제는 고구려의 남하정책에 대비하고자 동맹을 맺는데, 그것을 **나제동맹***이라고 표현해요. 그럼에도 불구하고 장수왕은 백제의 수도인 한성을 함락하고, 한반도 중부 지역까지 영토를 확장하는데, 이 사실을 알려주는 것이 **충주 고구려비**예요. 이렇게 고구려는 5세기* 장수왕 때 최고의 전성기를 맞이해요.

이렇게 잘 나가던 고구려에 위기가 찾아온 것은 6세기 말 **수나라가 중국을 통일**하면서부터예요. 7세기 초에 수나라가 고구려를 압박하면서 거듭 침략을 해온 거예요. 하지만 이때 고구려는 여러 차례 수의 침략을 막아냈고, 특히 **을지문덕**이 이끄는 고구려 군대가 우중문이 이끄는 수나라 군대를 살수에서 크게 격퇴하였는데, 이를 **살수 대첩**이라 하지요(612년).

고구려 원정에 실패한 수나라는 곧 멸망하였고, 뒤를 이어 당나라가 중국을 지배하게 돼요. 그 당나라가 고구려 침공을 계획하자, 고구려는 국경 지역에 **천리장성을 쌓아 당의 침략**에 대비했어요. 이 과정에서 **연개소문이 정변을 일으켜** 영류왕을 죽이고 보장왕을 왕위에 앉혔는데, 당이 이것을 핑계로 고구려를 침공해요. 그때 고구려의 군대가 **안시성에서 당나라 군대를 격퇴**시켰어요(645년).

1 괄호 안에서 옳은 것을 고르세요.

(가) 광개토대왕의 뒤를 이어 왕위에 오른 이는 (소수림왕, 장수왕)이다.

(나) 장수왕은 국내성에서 (평양, 한성)으로 도읍을 옮기었다.

(다) (을지문덕, 연개소문)은 수나라 군대를 살수에서 격퇴시켰는데, 이를 살수 대첩이라 한다.

(라) 연개소문이 정변을 일으키자, 이를 핑계로 (수, 당)이 고구려를 침략하였는데, 고구려의 군대가 안시성 싸움에서 이를 물리쳤다.

2 아래 사진 속 유물은 장수왕이 아버지의 업적을 기리기 위해 세운 ○○○○○○○이다.

3 고구려 장수왕에 대한 설명으로 옳은 것은?

① 살수 대첩을 이끌었다.　　　　　　② 안시성 싸움을 승리로 이끌었다.

③ 신라에 침입한 왜를 격퇴하였다.　　④ 국내성에서 평양으로 도읍을 옮기었다.

 (가)~(다)를 일어난 순서대로 옳게 나열한 것은?　제47회 기본 2번

○ **고구려의 발전 과정** ○

(가) 영락 연호 사용　　(나) 태학 설립　　(다) 평양 천도

① (가) - (나) - (다)　　② (가) - (다) - (나)　　③ (나) - (가) - (다)　　④ (다) - (나) - (가)

● **나제동맹**: 신라의 '나'와 백제의 '제'를 묶어서 신라와 백제가 동맹을 맺었다는 것을 의미한다.

● **세기**: 100년씩 묶어서 시간을 세는 단위로, 예수가 태어난 해를 서기 1년으로 삼아 서기 100년까지가 1세기가 된다. 5세기는 5번째 100년을 가리키는 것으로, 401년부터 500년까지가 5세기이다.

고구려의 문화유산

금동연가7년명여래입상

앞서 우리는 고구려와 관련된 문화유산으로 호우명 그릇, 광개토대왕릉비, 그리고 충주 고구려비를 이미 만났어요. 그 밖에 고구려의 문화유산 가운데 가장 많이 알려진 것은 **금동연가7년명여래입상***이라는 불상이에요. 왼쪽의 사진에서 보는 것처럼 부처가 서 있는 모습이고, 그 뒤로 부처의 몸에서 나오는 찬란한 빛을 표현한 '광배'가 있는 것이 특징이에요. 그리고 그 광배 뒷면에 '연가7년'이라는 글자가 새겨져 있어요.

그리고 고구려의 문화유산으로 가장 많이 남아있는 것이 고분인데요. 그중 가장 많이 알려진 것이 **장군총***이에요. 장수왕의 무덤일 거라고 짐작은 하지만, 명확히 무덤의 주인이 밝혀지지 않아서 무덤의 이름도 "~총"이지요. 장군총은 돌을 계단식으로 쌓아올린 돌무지무덤인데, 이런 돌무지무덤에는 벽화가 없어요.

고구려의 고분 가운데 특징적인 것이 **굴식 돌방무덤**이라는 것인데, 무덤 안에 돌로 된 방(돌방)이 있는 게 특징이에요. 이 돌방의 벽과 천장에 벽화를 그려 넣었어요. 그려진 벽화에 따라 고분의 이름이 붙여지는데, 춤추는 사람들의 모습이 벽화로 그려진 무덤을 무용총이라고 부르는 식이죠. 그리고 고구려에 **도교**가 전해지면서 도교에서 동서남북 4방향을 지키는 수호신으로 여기는 청룡, 백호, 주작, 현무를 돌방의 벽면에 벽화로 그려 넣기 시작했는데, 이것을 사신도라고 해요. 평안도에 있는 **강서대묘의 사신도***가 가장 유명해요.

장군총

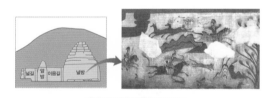

굴식 돌방무덤의 구조

강서대묘의 사신도 중 현무도

1 괄호 안에서 옳은 것을 고르세요.

(가) 고구려의 장군총은 (돌무지무덤, 굴식 돌방무덤) 양식으로 만들어졌다.

(나) 강서대묘의 사신도는 (불교, 도교)의 영향을 받아 그려졌다.

(다) 금동연가7년명여래입상은 (부여, 고구려)의 문화유산이다.

(라) 벽화가 그려진 무덤은 (돌무지무덤, 굴식 돌방무덤) 양식이다.

2 아래 사진 속 문화유산은 장수왕의 무덤으로 추정되는 ○○○이다.

3 다음 중 고구려의 문화유산이 아닌 것은?

① 천마총　　　　　　　　　　　② 충주 고구려비

③ 강서대묘의 사신도　　　　　　④ 금동연가7년명여래입상

한능검 기출문제 (가)~(다)를 일어난 순서대로 옳게 나열한 것은? [제50회 기본 4번]

 ① 　　 ② 　　 ③ 　　 ④

● **금동연가7년명여래입상**: 금동으로 만들어졌고, 연가 7년이라는 글자가 새겨진 석가여래의 불상인데 앉아있지 않고 서 있다는 의미로 입상이라 한다.

● **장군총**: 무덤을 가리키는 말에 묘(墓), 릉(陵), 총(塚)이 있다. '묘'는 일반인의 무덤을 가리키고, '릉'은 왕이나 왕비의 무덤 가운데 그 무덤에 묻힌 사람이 명확할 때, '총'은 왕이나 왕비의 무덤으로 보여지는데, 그 무덤에 묻힌 사람이 누구인지 명확하지 않을 때 붙인다.

● **사신도**: 네 방향에 수호신의 모습을 각각 그렸다는 의미로 사신도(四神圖)라 한다.

📖 고구려의 발전 과정

주몽	고구려 건국(졸본)	
태조왕	옥저 정복	
고국천왕	진대법 실시	
미천왕	낙랑 축출	
고국원왕	평양성에서 전사	← 백제 근초고왕의 공격
소수림왕	태학 설립, 불교 공인, 율령 반포	
광개토대왕	만주 지역 진출, 한강 이북 진출, 신라에 침입한 왜를 격퇴	연호 '영락' 사용
장수왕	평양으로 천도, 한강 유역 진출	광개토대왕릉비를 세움, 충주 고구려비 건립

📖 고구려의 위기(6세기 후반~7세기)

❶ 수의 중국 통일 ➡ 고구려를 압박 ➡ 을지문덕의 살수 대첩
❷ 당의 고구려 압박 ➡ 천리장성 축조 ➡ 안시성 싸움에서 격퇴

📖 고구려의 문화유산

❶ **비석**: 광개토대왕릉비, 충주 고구려비
❷ **불상**: 금동연가7년명여래입상
❸ **고분(무덤)**
　가. 돌무지 무덤: 장군총이 대표적
　나. 굴식 돌방무덤: 거대한 돌방(널방)에 벽화가 그려짐. 사신도, 무용도, 씨름도 등

01 선생님의 질문에 대한 학생의 대답으로 옳은 것은? 제44회 초급 6번

① 국호를 남부여로 바꿨어요.
② 신라의 요청으로 왜를 격퇴했어요.
③ 불교를 처음으로 공식 인정했어요
④ 화랑도를 국가적인 조직으로 정비했어요.

02 학생들이 공통으로 이야기하고 있는 왕으로 옳은 것은? 제42회 초급 7번

① 고이왕   ② 진흥왕
③ 근초고왕   ④ 소수림왕

03 (가) 왕에 대한 설명으로 옳은 것은? 제49회 기본 4번

① 태학을 설립하였다.
② 우산국을 정벌하였다.
③ 왜에 칠지도를 보냈다.
④ 광개토대왕릉비를 건립하였다.

04 교사의 질문에 대한 학생의 답변으로 옳은 것은? 제51회 기본 2번

① 22담로에 왕족을 파견했어요.
② 한의 침략을 받아 멸망했어요.
③ 신지, 읍차 등의 지배자가 있었어요.
④ 빈민 구제를 위해 진대법을 실시했어요.

05 밑줄 그은 '전투'로 옳은 것은? [제51회 기본 8번]

① 명량 대첩

② 살수 대첩

③ 황산 대첩

④ 한산도 대첩

06 다음에서 보도하고 있는 사건이 일어난 시기를 연표에서 옳게 고른 것은? [제50회 기본 6번]

우리 고구려군이 당군에 맞서 치열하게 싸우고 있습니다. 당군이 성벽보다 높은 흙산을 쌓아 공략을 시도하고 있는데요. 성안에서도 방어 태세를 갖추고 있는 것으로 보입니다. 지금까지 안시성 전투 현장에서 전해드렸습니다.

391	427	554	612	668
(가)	(나)	(다)	(라)	
광개토대왕 즉위	고구려 평양 천도	관산성 전투	살수 대첩	고구려 멸망

① (가)   ② (나)   ③ (다)   ④ (라)

41

10 백제, 한강 유역을 아우르다!

백제의 전성기(4세기, 근초고왕)

이제 백제 이야기예요. 철기문화를 배경으로 등장한 많은 나라들 가운데 우리는 삼한을 배운 적이 있어요. 마한, 변한, 진한을 묶어 삼한이라고 했고, 그 가운데 마한이라고 불리던 지역에는 54개의 크고 작은 나라들이 있었어요. 백제는 그 가운데 오늘날의 서울 지역, 즉 한강의 하류 지역에 세워진 나라예요.

고구려를 세운 주몽, 그 주몽의 아들 가운데 비류와 온조가 있었어요. 비류와 온조가 졸본을 떠나 많은 무리를 이끌고 한강 하류 지역에 도착했는데, 형인 비류는 지금의 인천인 미추홀에 나라를 세웠고, 아우인 온조는 위례성*(풍납토성)에 도읍을 정하고 나라를 세웠어요. 비류가 바닷가인 미추홀 지역에 세운 나라는 농경에 적합하지 않아 오래가지 못했고, 온조가 세운 나라는 넓은 한강을 품고 있어서 농경에 유리해서 크게 발전했지요. 그 나라가 바로 백제예요.

백제가 나라의 기틀을 갖춘 것은 3세기 고이왕 때예요. 고이왕은 관리들의 서열(관등제)을 만들고, 그 서열에 따라 옷 색깔을 다르게 하는 **관복제를** 마련했어요. 이를 통해 국왕 중심의 통치제도를 마련했어요. 그리고 한강 유역을 대부분 장악하였고, 원래 마한의 중심 국가였던 **목지국까지 굴복**시켰어요.

그리고 4세기 중엽 **근초고왕 때** 백제는 삼국 가운데 가장 먼저 **전성기**를 맞이하게 돼요. 남쪽으로는 오늘날 전라도 지역까지 세력을 확대하면서 마한의 모든 세력을 통합하였고, 북쪽으로는 고구려를 공격하면서 평양성에서 고국원왕을 전사시켰어요. 그리고 바다 건너 **중국의 요서, 산둥지방, 왜(일본)의 규슈 지역**까지 진출하며 세력을 확대했어요. 그리고 4세기 후반 **침류왕** 때에는 중국의 동진으로부터 **불교를 받아들였어요.**

한편, 고구려의 제가회의처럼 백제도 귀족들이 **정사암**에 모여 국가의 중요한 일을 결정하였어요. 그리고 왕 아래에 6명의 좌평을 두고 16등급의 관리를 두었는데, 그 최고 책임자가 **상좌평**이에요.

칠지도*

1 괄호 안에서 옳은 것을 고르세요.

(가) 한강 유역의 위례성에 나라를 세운 것은 (비류, 온조)이다.
(나) 백제는 (고이왕, 근초고왕) 때 전성기를 맞이하였다.
(다) (근초고왕, 침류왕)은 중국 전진으로부터 불교를 받아들였다.

2 백제는 귀족들이 국가의 중요한 일을 ○○○에 모여서 결정하였다.

3 근초고왕 때 왜의 왕에게 내려준 칼인 ○○○는 백제와 왜(일본)의 긴밀한 관계를 알려주는 문화유산이다.

4 백제 근초고왕에 대한 설명으로 옳은 것은?

① 백제를 건국하였다.　　　　　② 불교를 공인하였다.
③ 목지국을 정복하였다.　　　　④ 중국의 요서, 산둥지방으로 진출하였다.

 (가)에 해당하는 왕으로 옳은 것은? [제41회 초급 3번]

（가）
• 백제 제13대 왕
• 백제의 전성기를 이룸
• 371년 평양성 전투에서 승리
• 중국 및 왜와 활발하게 교류

① 성왕　　　② 온조왕　　　③ 의자왕　　　④ 근초고왕

● **위례성**: 백제의 첫 수도로 오늘날 서울 지역, 즉 한강 유역에 자리하였다. 풍납토성과 몽촌토성은 위례성의 대표적인 유적이다. 훗날 백제가 웅진으로 도읍을 옮기기 전까지 500년 가까이 백제의 수도였는데, 이를 백제의 한성 시대라고 한다.
● **정사암**: 정치에 관한 일을 토론하던 바위라는 의미이다. 좌평 등 백제의 재상을 선출하거나 국가의 중요한 일을 논의하던 곳으로 정사암 회의는 고구려의 제가회의, 신라의 화백 회의와 함께 삼국에서 귀족세력의 힘이 나름 강했다는 사실을 알려주고 있다.
● **칠지도**: 백제가 근초고왕 때 왜의 왕에게 내려준 것으로 알려진 칼로, 일곱 개의 가지 모양으로 만들어져서 칠지도라 한다. 백제와 왜의 긴밀한 관계를 알려주는 문화유산으로 현재 일본에 있다.

11 백제의 위기와 재도약

4세기 근초고왕 때 전성기를 맞이한 백제, 하지만 5세기가 되면서 위기가 찾아와요. 바로 고구려의 전성기가 시작된 거예요. **고구려의 장수왕은 백제의 수도인 한성(위례성)을 함락**하였고, 백제의 왕인 개로왕이 이때 전사하였어요. 결국 백제는 눈물을 머금고 한성을 떠나 **웅진(충남 공주)으로 도읍을 옮기게** 돼요.

웅진으로 도읍을 옮긴 이후, 백제의 기틀을 다시 세운 이가 무령왕이에요. **무령왕은 백제의 주요 지역에 22담로를 설치**한 뒤 왕족을 파견하여 다스렸고, **중국의 남조*와 교류**하며 힘을 갖추었어요. 훗날 무령왕이 죽은 뒤 만들어진 **무령왕릉**이 벽돌무덤인 것도 중국 남조의 영향을 받은 것과 관련이 있어요.

무령왕릉(충남 공주)
무령왕릉은 무덤의 내부를 벽돌로 장식한 벽돌무덤으로, 중국 남조의 영향을 받아 만들어짐.

그리고 무령왕의 뒤를 이은 **성왕은 웅진을 떠나 다시 수도를 사비(충남 부여)로 옮기면서** 재도약의 기틀을 마련해요. 성왕은 **나라 이름을 남부여**라 하였고, 신라 진흥왕과 함께 고구려를 몰아내면서 **한강 유역을 다시 되찾았어요.** 하지만 이 과정에서 진흥왕이 약속을 깨고 백제가 되찾은 한강 하류 지역까지 차지하자 나제동맹은 깨지게 돼요. 그리고 이에 대한 보복으로 **성왕이 신라군을 공격하다 관산성에서 전사**하게 되지요.

이후 백제는 줄곧 신라에 대한 공격에 모든 힘을 쏟아부었어요. 특히 **의자왕 때 백제군이 대야성 등 신라의 여러 성을 빼앗고 신라를 멸망 직전까지 몰고 가지요.** 그때 신라는 김춘추를 고구려에 보내 지원을 요청하지만, 고구려가 이를 거부하지요. 그러자 신라는 고구려 침공에 실패한 당에 손을 내밀어 **당과 동맹을 맺고(나당동맹)** 백제 공격을 준비해요.

➕ 생각 더하기

백제 왕족의 성씨는 '부여'씨였어요. 그리고 성왕 때 나라 이름을 '남부여'라고도 바꿨어요. 왜 그랬을까요? 여기서 부여는 사출도와 영고가 있었던 나라, 그 부여예요. 백제를 세운 온조는 고구려를 세운 주몽의 아들이었고, 그 주몽은 부여에 뿌리를 두고 있었는데, 백제는 자신들의 정통성을 바로 그 부여에서 찾으려 한 거예요.
그리고 간혹 한국사에서 가장 타락한 왕의 상징처럼 얘기되는

것이 백제의 의자왕인데요, 3천 궁녀라는 말이 따라 붙어요. 그런데 이것은 훗날 잘못 덧씌워진 이미지예요. 백제는 외부 세계의 공격 때문에 망한 것이 아니라 백성들의 고통스런 삶을 외면한 지배층, 그 지배층의 타락과 분열로 스스로 망했다는 스토리를 만들어내기 위해서죠. 참고로 의자왕은 의롭고 자애로운 왕이라는 뜻을 담고 있어요. 백제의 백성들에게 의자왕은 그런 존재였다는 의미예요.

1 괄호 안에서 옳은 것을 고르세요.

(가) 웅진으로 천도한 뒤 22담로를 설치하고 왕족을 파견하여 다스리게 한 것은 (개로왕, 무령왕)이다.

(나) 장수왕의 남하정책에 맞서 백제는 (신라, 고구려)와 동맹을 맺었다.

(다) (근초고왕, 성왕)은 사비로 천도하면서 나라 이름을 남부여로 바꾸었다.

(라) 신라의 진흥왕이 한강 하류 지역까지 빼앗자, 성왕은 이에 대한 보복으로 신라군을 공격하다가 (관산성, 대야성)에서 전사하였다.

2 백제의 도읍을 순서대로 써보세요.

(위례성 → ○○ → ○○)

3 아래 사진 속 문화유산은 중국 남조의 영향을 받아 만들어진 ○○○○으로, 백제의 문화유산이다.

4 백제 성왕에 대한 설명으로 옳지 않은 것은?

① 사비로 도읍을 옮겼다.　　② 관산성에서 전사하였다.
③ 국호를 남부여로 바꾸었다.　　④ 22담로를 설치하고 왕족을 파견하였다.

 학생들이 공통으로 이야기하고 있는 왕으로 옳은 것은? 제50회 기본 3번

① 성왕　　② 무열왕　　③ 근초고왕　　④ 소수림왕

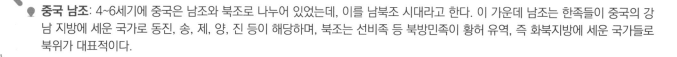

● **중국 남조**: 4~6세기에 중국은 남조와 북조로 나누어 있었는데, 이를 남북조 시대라고 한다. 이 가운데 남조는 한족들이 중국의 강남 지방에 세운 국가로 동진, 송, 제, 양, 진 등이 해당하며, 북조는 선비족 등 북방민족이 황허 유역, 즉 화북지방에 세운 국가들로 북위가 대표적이다.

백제의 문화유산

기원전 18년에 건국되어 660년 멸망할 때까지, 700년 가까운 역사를 자랑하는 백제의 문화유산 가운데 우리는 이미 칠지도와 무령왕릉을 만났어요.

지안의 산성하 고분군(고구려)

고구려에서 남하한 온조에 의해 세워진 나라인 백제, 그래서 백제의 무덤들은 고구려의 무덤을 그대로 계승하여 고구려처럼 돌무지무덤과 굴식 돌방무덤이 많이 만들어져요. 대표적인 것이 한성 시대의 **서울 석촌동 고분**, 웅진 시대의 **공주 송산리 고분**, 사비 시대의 **부여 능산리 고분**이에요.

그리고 침류왕 때 전래된 불교의 영향으로 부처의 모습을 형상화한 불상과 탑도 많이 만들어지는데, 백제의 불상으로 대표적인 것이 충남 서산 **용현리 마애여래삼존상***이에요. 그리고 백제의 탑으로 유명한 것이 부여 **정림사지 5층 석탑**과 **익산 미륵사지 석탑**이에요. 또한 자연의 삶과 불로장생을 추구하는 **도교***도 유행하는데, 그것을 알려주는 대표적인 백제의 유물이 **산수무늬 벽돌**과 부여 능산리에서 출토된 **금동대향로**예요.

금동대향로

산수무늬 벽돌

서산 용현리 마애여래삼존상

아울러 백제는 바다 건너 일본과도 교류가 많았어요. 삼국 가운데 **일본 문화에 가장 많은 영향을 끼친 나라가 백제**였거든요. 아직기, 왕인, 노리사치계 등이 일본에 건너가 한자, 불교 등을 전해주었어요. 백제를 포함하여 고구려, 신라, 가야의 문화가 일본에 전해져서 아스카 문화의 발달에 큰 영향을 미쳤어요.

익산 미륵사지 석탑(복원)

● **마애여래삼존상**: '마애'는 바위나 절벽에 새겼다는 의미이고, '여래'는 부처님을 뜻한다. 3명의 부처님을 나란히 바위절벽에 새긴 모습이라 삼존상이라고 한다. 서산 용현리 마애여래삼존상은 '백제의 미소'라는 평가를 받고 있다.

● **도교**: 삼국 간의 항쟁으로 전쟁이 계속되면서 사람들은 고달픈 현실을 벗어나 신선들처럼 자연을 벗 삼아 불로장생을 꿈꾸는 도교 사상에 빠져드는 경우가 많았다. 노자와 장자의 사상에서 비롯되었다 하여 노장사상이라고도 한다.

1 괄호 안에서 옳은 것을 고르세요.

(가) 서울 석촌동 고분군은 (고구려, 백제)의 문화유산이다.
(나) 부여의 정림사지 5층 석탑과 익산의 미륵사지 석탑은 (불교, 도교)의 영향을 받아 만들어졌다.
(다) 산수무늬 벽돌과 금동대향로는 (불교, 도교)의 영향을 받은 문화유산이다.

2 다음 중 백제의 문화유산이 아닌 것은?

①  ②  ③

3 다음 중 백제의 문화유산이 아닌 것은?

① 칠지도
② 금동대향로
③ 분황사 모전석탑
④ 익산 미륵사지 석탑

한능검 기출문제 (가)에 해당하는 왕으로 옳은 것은? 제55회 기본 5번

이 문화유산에 대해 소개해 주시겠습니까?

이것은 부여 능산리 절터에서 출토된 향로입니다. (가) 의 금속 공예 기술을 보여주는 대표적인 문화유산으로, 도교와 불교 사상이 함께 표현되어 있습니다.

① 노비안검법을 실시하였다.
② 지방에 22담로를 설치하였다.
③ 화백 회의에서 국가의 중대사를 결정하였다.
④ 여러 가(加)들이 별도로 사출도를 주관하였다.

핵심정리

📖 **백제의 발전과 위기, 그리고 재도약**

온조	백제 건국(위례성)	
고이왕	한강 유역 정복, 목지국 정복	
근초고왕	백제의 전성기를 이룸. 평양성을 공격하여 고국원왕을 전사시킴. 남해안까지 진출 중국의 요서, 산둥지방, 일본의 규슈 지역에 진출	
침류왕	불교 공인	
개로왕	한성을 빼앗기며 전사(웅진 천도)	← 고구려 장수왕의 공격
무령왕	22담로 설치, 무령왕릉(벽돌무덤)	
성왕	사비로 천도, 국호를 남부여로 바꿈. 신라 진흥왕과 함께 한강 유역 일시 탈환 관산성에서 전사	
의자왕	신라를 공격하여 대야성 함락	

📖 **백제의 문화유산**

❶ **무덤**: 서울 석촌동 고분, 공주 송산리 고분(무령왕릉), 부여 능산리 고분
❷ **불상**: 서산 용현리 마애여래삼존상
❸ **석탑**: 부여 정림사지 5층 석탑, 익산 미륵사지 석탑
❹ **도교**: 산수무늬 벽돌, 금동대향로
❺ **칠지도**: 일본과의 교류 관계를 알려줌.

01 (가) 국가에 대한 설명으로 옳은 것은? 제47회 기본 5번

이곳은 (가) 이/가 고구려의 공격을 받아 옮긴 도읍으로 당시에는 웅진성이라 불렀습니다. 2015년 유네스코 세계유산으로 등재되었습니다.

공주 공산성

① 과거제도를 도입하였다.
② 기인 제도를 실시하였다.
③ 지방에 22담로를 설치하였다.
④ 신분 제도인 골품제가 있었다.

02 (가) 국가에 대한 설명으로 옳은 것은? 제45회 초급 5번

풍납토성의 예전 모습이군요.

이곳은 어떤 곳이었나요?

(가) 의 초기 수도였던 위례성으로 추정되는 곳이에요.

① 8조법이 있었다.
② 왜에 칠지도를 보냈다.
③ 독서삼품과를 실시하였다.
④ 동맹을 열어 하늘에 제사를 지냈다.

03 (가)에 들어갈 문화유산으로 옳은 것은? [제51회 기본 6번]

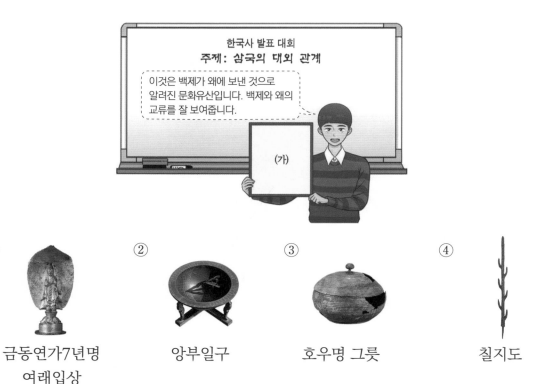

한국사 발표 대회
주제: 삼국의 대외 관계

이것은 백제가 왜에 보낸 것으로 알려진 문화유산입니다. 백제와 왜의 교류를 잘 보여줍니다.

(가)

① 금동연가7년명 여래입상

② 앙부일구

③ 호우명 그릇

④ 칠지도

04 (가)에 들어갈 문화유산으로 옳은 것은? [제46회 초급 6번]

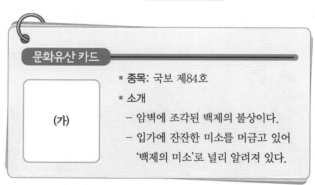

문화유산 카드

(가)

- 종목: 국보 제84호
- 소개
  - 암벽에 조각된 백제의 불상이다.
  - 입가에 잔잔한 미소를 머금고 있어 '백제의 미소'로 널리 알려져 있다.

① 이불병좌상

② 금동연가7년명 여래입상

③ 파주 용미리 마애이불입상

④ 서산 용현리 마애여래삼존상

05 (가)에 들어갈 문화유산으로 옳은 것은? 제45회 초급 6번

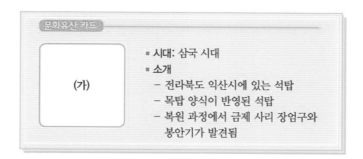

문화유산 카드

(가)

■ 시대: 삼국 시대
■ 소개
 – 전라북도 익산시에 있는 석탑
 – 목탑 양식이 반영된 석탑
 – 복원 과정에서 금제 사리 장엄구와 봉안기가 발견됨

①
분황사 모전석탑

②
정림사지 오층 석탑

③
불국사 다보탑

④
미륵사지 석탑

06 (가) 국가에 대한 설명으로 옳은 것은? 제48회 기본 4번

① 진대법을 시행하였다.
② 상수리 제도를 두었다.
③ 지방에 22담로를 설치하였다.
④ 골품제라는 신분 제도가 있었다.

13 신라, 뒤늦게 나라의 기틀을 갖추다!

신라는 삼한 가운데 진한의 여러 작은 나라들 가운데 **박혁거세가 세운 사로국**에서 그 역사가 시작되었어요. 신라는 초기에 왕권이 매우 약했어요. 그래서 박혁거세, 석탈해, 김알지의 후손들이 번갈아 왕의 자리에 올랐죠. 그리고 왕을 가리키는 호칭도 독자적이었는데, **거서간, 차차웅, 이사금, 마립간**으로 왕의 호칭이 바뀐 나라가 신라예요.

그런 신라에 큰 변화가 시작된 것은 4세기 **내물왕** 때였어요. 특히 400년에 내물왕의 요청을 받은 **광개토대왕이 신라에 침범한 왜의 5만 명 군대를 격퇴**하였죠. 그 대가로 신라는 고구려의 많은 **간섭**을 받게 되었어요. 그것을 보여주는 유물 기억나나요? 맞아요. **호우명 그릇**이에요. 한편 내물왕은 고구려를 등에 업고 더욱 힘이 강해졌어요. 그래서 이사금이라는 왕의 호칭도 '마립간'으로 바꾸었고, 박·석·김씨가 번갈아 차지하던 왕의 자리도 김씨가 독점적으로 세습하게 되죠.

6세기 초, **지증왕이 즉위**하면서 **나라 이름을 '신라'로 확정**하고, 마립간 대신 '왕'이라는 칭호를 사용하였어요. 또한 지증왕은 소를 이용하여 밭을 가는 **우경***을 장려하였고, 이사부를 시켜 우산국(울릉도와 독도)을 정복하였죠.

그 뒤를 이어 법흥왕이 율령을 반포하고, **이차돈의 순교***를 계기로 불교를 공인하였죠. 그리고 병부라는 관청을 설치하여 국왕이 군사권을 장악하였어요. 또한 **상대등***을 두어 귀족회의인 **화백 회의***를 이끌게 하였고, 김해지역의 금관가야를 정복하기도 하였어요. 아울러 신라만의 엄격한 신분 제도인 **골품제***를 정비한 것도 법흥왕이에요.

이차돈 순교비*

+ 생각 더하기

신라는 삼국 가운데 여러 면에서 발달이 늦은 나라였어요. 그래서 고구려가 중국 세력을 막아내느라 힘을 쏟아 붓고 백제가 고구려의 압박을 막아내느라 약해져 갈 때, 오히려 신라는 차분하게 힘을 키워갈 수 있었던 것이죠. 그리고 그런 노력을 바탕으로 삼국통일의 승자가 되었죠. 여러분도 때로는 스스로의 모습이 만족스럽지 못할 때가 있을 거예요. 그때 그 초라함에 주눅 들지 말고, 어제의 나보다 오늘의 나를 더 나은 모습으로, 그리고 오늘의 나보다 내일의 나를 더 나은 모습으로 만들어가

려는 노력, 그 노력을 묵묵히 해나가면 훨씬 더 나은 모습으로 바뀔 거예요. 나라마다 성장의 흐름이 다르듯이 사람마다 성장의 흐름도 다르거든요. 지금은 모든 것을 다 가진 것처럼 보이지만 시간이 흘러 작고 초라하게 변해버리는 사람도 있고, 지금은 비록 작고 초라하지만 시간이 흘러 찬란하게 꽃을 피우는 사람이 있어요. 여러분 스스로를 소중하게 생각하고 열심히 키워가세요.

1 괄호 안에서 옳은 것을 고르세요.

(가) 경주 지역에서 신라를 건국한 사람은 (박혁거세, 석탈해)이다.
(나) 신라는 내물왕 때 왕의 칭호를 (이사금, 마립간)으로 바꾸었다.
(다) (지증왕, 법흥왕)은 율령을 반포하고 불교를 공인하였다.

2 신라는 법흥왕 때 상대등을 두어 귀족회의인 ○○ 회의를 이끌게 하였다.

3 신라는 지증왕 때 ○○○가 우산국을 정복하였다.

4 법흥왕에 대한 설명으로 옳은 것은?

① 불교를 공인하였다　　　　　② 우산국을 정복하였다.
③ 나라 이름을 신라로 확정하였다.　　　　④ 고구려의 도움으로 왜를 격퇴하였다.

한능검 기출문제 다음 가상 인터뷰에 등장하는 왕의 재위 기간에 있었던 사실로 옳은 것은? 제52회 기본 3번

즉위하신 이후에 어떤 일을 하였나요?

국호를 신라로 확정하고 임금의 칭호를 마립간에서 왕으로 고쳤습니다.

① 불교가 공인되었다.　　　　② 노비안검법이 시행되었다.
③ 이사부가 우산국을 정벌하였다.　　　④ 황룡사 9층 목탑이 건립되었다.

- **우경**: 소를 이용해 쟁기로 땅을 가는 것으로, 땅을 깊게 갈 수 있게 되면 땅을 더 기름지게 해 더 많은 곡식을 생산할 수 있게 된다.
- **이차돈의 순교**: 순교는 종교적 신념을 지키기 위해 죽음을 택한다는 의미이다. 이차돈이 순교할 때 목에서 흰 피가 솟구치고, 하늘에서는 꽃비가 내렸다는 얘기가 전해진다.
- **상대등**: 신라의 최고 관직으로 수상 역할을 하였다. 고구려는 대대로, 백제는 상좌평이 최고 관직이었다.
- **화백 회의**: 신라의 귀족회의로, 만장일치로 국가 중대사를 결정하였다.
- **골품제**: 신라만의 엄격한 신분 제도이다. 성골과 진골, 그리고 6두품부터 1두품까지 신분을 정하였는데, 골품에 따라 관직 진출분만 아니라 옷의 색깔, 집의 규모 등까지 많은 제약을 두었다.
- **이차돈 순교비**: 이차돈의 순교를 기념하여 세운 것으로, 신라는 부족들마다 신앙이 달라 불교를 쉽게 받아들이지 못하다가 뒤늦게 법흥왕 때 불교를 공인하였다.

신라의 전성기(진흥왕, 6세기)

법흥왕의 뒤를 이어 왕위에 오른 진흥왕은 백제의 성왕과 연합하여 적극적으로 **고구려와 맞서 싸움을** 벌여갔어요. 그 결과 고구려를 북쪽으로 내몰고, 신라는 한강 상류 지역, 백제는 한강 하류 지역을 차지하였는데 진흥왕이 **백제를 기습 공격하여 한강 하류 지역까지 차지해요.** 이렇게 신라는 진흥왕 때 한강 하류 지역까지 차지하면서 황해를 통해 중국과 직접 교류하면서 **전성기를 맞이하게** 돼요. 아울러 대가야를 정복하였고, 북쪽으로는 고구려를 공격하며 함흥평야 일대까지 세력을 넓히지요. 그런 영토 확장을 기념하여 여러 비석을 세우는데, 바로 단양 적성비와 여러 개의 **진흥왕 순수비**예요. 아울러 진흥왕은 신라의 고유한 청소년 수련단체인 **화랑도***를 **국가적 조직으로 개편**하여 인재를 양성하였고, **황룡사라는 절을 지어** 신라의 국력을 과시했어요.

하지만, 신라가 이렇게 커나가자 고구려와 백제가 줄곧 신라를 견제하기 시작해요. 특히 백제는 성왕이 관산성에서 전사한 이후 신라에 대해서 대대적인 공격을 감행하는데, **선덕여왕*** 때인 641년 대야성 전투에서 신라는 큰 패배를 겪게 돼요. 그 후 신라는 김춘추를 앞세워 648년(진덕여왕 때)에 당나라와 나당동맹을 결성하게 되지요.

한편 삼한 가운데 철 생산이 풍부했다고 알려진 **변한 지역에 6개의 가야**가 만들어지는데, 이를 가야연맹이라 불러요. 가야연맹은 **낙동강 유역을 중심**으로 발달하였어요. 그중 대표적인 것이 **김수로왕이 김해 지역에 건국한 금관가야**와 이진아시왕이 고령 지역에 건국한 대가야였어요. 이 가운데 금관가야가 낙랑과 왜에 철을 수출하면서 크게 번성하여 가야연맹을 이끌었는데, 이를 **전기 가야연맹**이라고 해요. 그러다 신라 내물왕 때 고구려 군대가 신라에 침범한 왜를 격퇴하는 과정에서 이 금관가야가 큰 타격을 입었다는 얘기 기억나지요? 바로 그때부터 가야연맹의 중심이 김해의 금관가야에서 고령의 대가야로 바뀌는데, 이를 **후기 가야연맹**이라고 해요. 이렇게 유지되던 가야연맹은 **신라 법흥왕 때 금관가야, 신라 진흥왕 때 대가야**가 차례로 신라에 정복되면서 역사 속에서 사라지게 되지요.

가야연맹의 변화

1 괄호 안에서 옳은 것을 고르세요.

(가) 진흥왕이 한강 하류 지역까지 차지하자, 이에 맞서 백제 성왕이 신라군을 공격하다가
전사한 곳은 (대야성, 관산성)이다.
(나) 화랑도를 국가적 조직으로 개편하면서 인재를 양성한 왕은 (법흥왕, 진흥왕)이다.
(다) 진흥왕은 가야연맹의 중심국가인 (금관가야, 대가야)를 정복하였다.
(라) 금관가야는 김해지역에서 (김수로왕, 이진아시왕)이 건국하였다.

2 오른쪽의 지도와 같은 영토 확장을 이끌며, 신라의 전성기를
이끈 왕은 ○○○이다.

3 신라 진흥왕에 대한 설명으로 옳은 것은?

① 불교를 공인하였다.　　　　　　　② 관산성에서 전사하였다.
③ 금관가야를 정복하였다.　　　　　④ 화랑도를 국가적 조직으로 개편하였다.

 다음 가상 인터뷰에 등장하는 왕의 업적으로 옳은 것은? 　제55회 기본 3번

① 국학을 설립하였다.　　　　　　　② 병부를 설치하였다.
③ 대가야를 정복하였다.　　　　　　④ 독서삼품과를 실시하였다.

🔍

● **화랑도**: 신라의 고유한 청소년 수련단체로 화랑과 낭도로 구성되었다. 원광법사가 지은 세속 5계를 따르며, 산천을 돌며 심신을 수양하였다.
● **선덕여왕**: 신라 최초의 여왕이다. 자장율사의 건의를 받아들여 황룡사 9층 목탑을 세웠고, 천문 관측을 위해 첨성대를 건립하였다.

15 신라와 가야의 문화유산

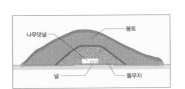

돌무지 덧널무덤의 구조

천마도(경주 천마총)

신라의 문화유산 가운데 우리는 이미 **호우명 그릇**을 만난 적이 있어요. 신라의 수도였던 경주의 호우총에서 발견된 그릇으로, 고구려 광개토대왕의 업적을 기리는 글이 새겨진 그릇이었죠. 그래서 **고구려와 신라의 긴밀한 관계를 알려주는 유물**이란 얘기까지 기억나지요? 그 호우총 말고도 천마총, 금관총, 황남대총 등의 많은 무덤을 남긴 나라가 신라예요. 그런데 신라의 무덤 형식은 고구려나 백제와 다르게 독특했어요. 돌무지 덧널무덤이라고 하는 무덤이 많이 만들어졌는데, 나무 덧널 위에 돌을 쌓은 뒤 흙으로 덮어 만든 거대한 무덤이에요. 이 무덤은 워낙 거대해서 도굴이 어려웠어요. 그래서 많은 껴묻거리가 남아있는 것이 특징이에요. 이런 돌무지 덧널무덤은 돌로 된 방이 없어서 벽화도 없어요. 그래서 천마총에서 발견된 **천마도의 경우도 벽화가 아니라**, 말의 배 부분을 가리던 배가리개(장니)에 그려진 그림이에요.

그리고 가장 뒤늦게 불교를 받아들이고, 공인한 나라인 신라에서도 불교문화가 크게 발달했어요. 그래서 만들어진 대표적인 불상이 **경주 배동 석조여래삼존입상**이라는 불상이에요. **분황사 모전석탑***과 같은 석탑도 만들어졌어요. 반면 선덕여왕 때 만든 **황룡사 9층 목탑**은 훗날 고려 시대에 몽골의 침략으로 불타버렸어요. 또한 선덕여왕 때에는 **천문 관측을 위해 첨성대**가 만들어졌어요.

경주 배동 석조여래삼존입상

경주 분황사 모전석탑*

한편 가야의 문화유산은 금관가야의 중심지였던 김해 지역에 대성동 고분과 대가야의 중심지였던 고령 지역의 지산동 고분이 유명해요.

판갑옷과 투구(가야) 바퀴장식 뿔잔(가야 토기)

그리고 김수로왕의 금관가야 건국과 관련된 유명한 노래가 '**구지가**'예요. 아울러 철의 나라답게 가야의 유물에는 **철제 갑옷**이 유명하고, 특이한 모양의 **토기**도 많이 만들어졌어요.

경주 첨성대

1 괄호 안에서 옳은 것을 고르세요.

(가) 고구려와 신라의 긴밀한 관계를 보여주는 유물은 (칠지도, 호우명 그릇)이다.

(나) 천마총과 금관총은 (신라, 가야)의 문화유산이다.

(다) 대성동 고분은 (금관가야, 대가야)의 문화유산이다.

2 다음 중 신라의 문화유산으로 옳은 것은?

①

②

③

3 신라의 문화에 대한 설명으로 옳지 않은 것은?

① 황룡사 9층 목탑을 제작하였다.

② 익산 미륵사지 석탑을 제작하였다.

③ 천문 관측을 위해 첨성대를 제작하였다.

④ 천마총 등 돌무지 덧널무덤을 제작하였다.

(가) 국가에 대한 설명으로 옳은 것은? 제42회 초급 3번

천마도를 비롯한 많은 유물들이 출토된 경주 천마총이 재정비를 마치고 다시 공개됩니다. 천마총은 돌무지 덧널무덤으로서 (가) 의 특징적인 무덤 양식을 보여줍니다.

경주 천마총, 재정비를 마치다

① 지방에 22담로를 설치하였다.

② 영고라는 제천 행사를 열었다.

③ 신분 제도인 골품제가 있었다.

④ 빈민을 구제하기 위한 진대법이 있었다.

● **분황사 모전석탑**: '모전'이라는 말에서 '모'는 모방한다, '전'은 벽돌을 뜻한다. 벽돌은 흙을 빚은 뒤 높은 온도로 구워 만드는데, 모전석탑은 돌을 하나하나 벽돌모양으로 깎아서 쌓은 석탑이다. 흙으로 벽돌을 구워 탑을 쌓을 경우, 그것을 전탑이라 하는데 평야 지대가 많은 중국에서 주로 제작되었다. 우리나라는 산이 많아서 처음에 나무를 깎아 목탑을 많이 만들었는데, 화재나 전쟁 등으로 자주 불에 타자 돌로 탑을 만드는 석탑으로 바뀌었다. 백제의 문화유산인 익산 미륵사지 석탑이 목탑 양식을 많이 이어받은 석탑으로 유명하다. 바다 건너 일본은 목탑이 많이 만들어졌다.

핵심정리

📖 신라의 발전 과정

박혁거세	신라 건국(경주, 사로국)	
내물왕	고구려의 도움으로 왜 격퇴 왕의 호칭을 마립간으로 바꿈. 김씨가 왕위를 세습	
지증왕	국호를 '신라'로 바꿈. 마립간에서 '왕'으로 호칭을 바꿈. 우산국 정복	
법흥왕	율령 반포, 불교 공인, 금관가야 정복	
진흥왕	한강 유역 장악, 화랑도를 국가적 조직으로 개편, 대가야 정복	관산성 전투
선덕여왕	황룡사 9층 목탑, 첨성대 건립	

📖 신라의 문화유산

① **무덤**: 호우총(호우명 그릇), 천마총(천마도), 금관총(금관), 황남대총 등
② **불상**: 경주 배동 석조여래삼존입상
③ **탑**: 황룡사 9층 목탑, 분황사 모전석탑

📖 가야의 발달

금관가야	대가야
김수로왕이 건국(구지가) 김해 지역(대성동 고분) 전기 가야연맹 주도 신라 법흥왕의 공격으로 멸망	이진아시왕이 건국 고령 지역(지산동 고분) 후기 가야연맹 주도 신라 진흥왕의 공격으로 멸망

01 (가) 나라에 대한 설명으로 옳은 것은? 제44회 초급 2번

① 위례성을 도읍으로 하였다.
② 서옥제라는 풍습이 있었다.
③ 제천 행사인 무천이 열렸다.
④ 화백 회의라는 제도가 있었다.

02 다음 사건이 일어난 시기를 연표에서 옳게 고른 것은? 제48회 기본 5번

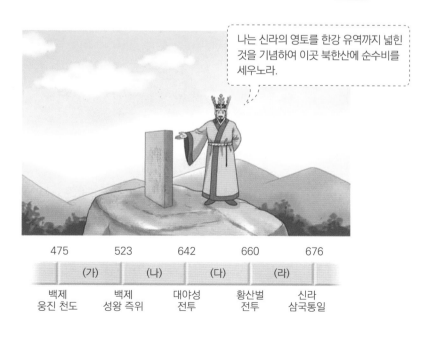

나는 신라의 영토를 한강 유역까지 넓힌 것을 기념하여 이곳 북한산에 순수비를 세우노라.

475	523	642	660	676
(가)	(나)	(다)	(라)	
백제 웅진 천도	백제 성왕 즉위	대야성 전투	황산벌 전투	신라 삼국통일

① (가)   ② (나)   ③ (다)   ④ (라)

03 밑줄 그은 '나'의 업적으로 옳은 것은? 제51회 기본 5번

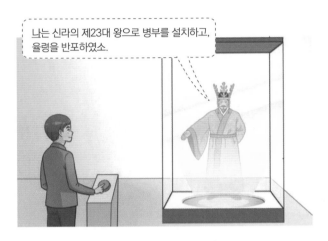

나는 신라의 제23대 왕으로 병부를 설치하고, 율령을 반포하였소.

① 녹읍을 폐지하였다.
② 불교를 공인하였다.
③ 독서삼품과를 시행하였다.
④ 북한산에 순수비를 세웠다.

04 (가)에 해당하는 문화유산으로 옳은 것은? 제52회 기본 4번

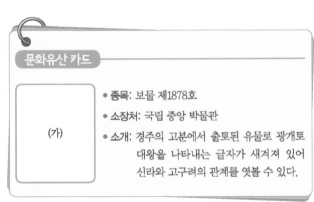

문화유산 카드

(가)

• **종목**: 보물 제1878호
• **소장처**: 국립 중앙 박물관
• **소개**: 경주의 고분에서 출토된 유물로 광개토 대왕을 나타내는 글자가 새겨져 있어 신라와 고구려의 관계를 엿볼 수 있다.

①
금동연가7년명 여래입상

②
호우명 그릇

③
철제 판갑옷과 투구

④
산수무늬 벽돌

05 (가) 나라에 대한 탐구 활동으로 가장 적절한 것은? [제54회 기본 6번]

① 사비로 천도한 이유를 파악한다.
② 우산국을 복속한 과정을 살펴본다.
③ 청해진을 설치한 목적을 조사한다.
④ 구지가가 나오는 건국 신화를 분석한다.

06 밑줄 그은 '나라'의 문화유산으로 옳은 것은? [제43회 초급 3번]

나는 창녕 송현동 고분에 순장되었다가 발굴 복원되어 송현이라는 이름이 붙여졌어요.
내가 살던 나라는 낙동강 유역을 중심으로 연맹 왕국을 이루고 낙랑, 왜 등과 교류했어요.

①
금동대향로

②
금동연가7년명 여래입상

③
청동 호우명 그릇

④
철제 판갑옷과 투구

PART

III

이제 신라의 삼국통일 과정, 그리고 통일 신라와 발해의 이야기를 살펴보려 해요. 그리고 후삼국 시대와 고려의 후삼국 통일 과정까지도 살필 거예요.

역사는 바닷가 모래알처럼 수많은 과거의 역사적 사실들을 모두 대상으로 할 수도 있지만, 그건 역사가의 몫이고요. 우리는 그 가운데 '적어도 한국인이라면 이 정도는 알아야 하지 않겠어?'라고 여길 정도의 역사적 사건과 인물로 범위를 좁힐 거예요. 그래도 그 양이 적지 않거든요.

대신 여기서 다뤄지는 사건과 인물들을 접하면서 "그 사건이 왜 일어났을까?" 그리고 "그 인물은 왜 그런 선택을 했을까?"라는 질문을 자주 던져보세요. 그것이 여러분이 살아온, 그리고 살아갈 세상에서 벌어지는 일들을 이해하는데 많은 도움을 줄 거예요. 그리고 여러분 스스로에게도 "내가 그때 그 상황이었다면 어떤 선택을 했을까?"라는 질문을 던져보는 것, 그것이 역사를 배우는 진짜 이유 가운데 하나거든요.

남북국 시대의 전개

16 백제와 고구려의 멸망, 그리고 부흥운동

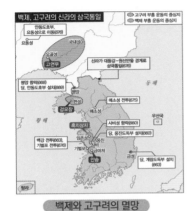

백제와 고구려의 멸망

4세기 백제, 5세기 고구려, 6세기 신라가 차례대로 한강 유역을 차지하면서 전성기를 맞이했어요. 그러다 신라 진흥왕의 배신으로 백제 성왕이 관산성에서 전사한 이후, 백제의 끊임없는 공격으로 신라는 대야성이 함락*되는 등 큰 위기를 겪었어요. 이에 신라는 고구려와 동맹을 시도했으나 실패했고, 그 후 당과 연합하여(나당동맹) 백제를 공격해요.

660년, 김유신이 이끄는 신라군이 계백이 이끄는 백제군과 황산벌에서 치열한 전투를 벌였고, 화랑 관창의 죽음을 계기로 결국 신라가 승리하였지요(황산벌 전투). 이후 신라는 금강 하구로 침입한 당의 군대와 함께 백제의 수도인 사비성을 함락하였고, 백제는 멸망해요.

백제의 멸망 이후, 백제의 왕자인 부여풍, 그리고 복신, 도침, 흑치상지 등이 주류성과 임존성 등을 거점으로 다시 백제를 일으키려는 운동, 즉 백제 부흥운동을 전개했어요.

백제의 멸망 이후, 신라와 당은 고구려 침공에 나서요. 살수 대첩, 안시성 싸움을 거치면서 고구려의 국력은 크게 약해진 상태였어요. 그리고 최고 권력자 연개소문이 665년 죽게 되는데, 그 뒤 그의 아들들과 동생 사이에 전개된 권력 쟁탈전까지 벌어져요. 그럼에도 불구하고 나당 연합군의 공격을 잘 막아내던 고구려는 668년 보장왕 때, 나당 연합군의 공격으로 평양성이 함락되면서 결국 멸망했어요.

고구려의 멸망 이후 보장왕의 서자인 안승, 그리고 검모잠과 고연무 등이 고구려의 유민들과 함께 고구려 부흥운동을 전개해요. 하지만 결국 고구려 부흥운동도 실패하지요.

➕ 생각 더하기

삼국 간의 항쟁을 어떻게 볼 것인가?
고구려, 백제, 신라, 그리고 가야까지, 신라가 삼국을 통일할 때까지 정말 전쟁의 연속이었어요. 그 오랜 기간 동안 걸핏하면 전쟁터에 끌려가 삶과 죽음의 고비를 오가야 했던 대다수의 백성들에게는 어서 빨리 그 지긋지긋한 전쟁에서 벗어나, 하루하루 평화롭게 살아보는 게 가장 큰 꿈이었을 수도 있어요. 승리의 대가는 대부분 지배층이 차지하고, 패배의 대가는 자신들의 처참한 죽음이었을 테니까요. 16살의 어린 화랑 관창이 황산벌에서 죽어가며 무슨 생각을 했을까요? 계백이 황산벌 전투에 나서기 전 아내와 자식들을 죽이면서 무슨 생각을 했을까요? 관창이나 계백은 후세에 이름이라도 남겼지요. 이름 하나 남기지 못하고, 그 숱한 전쟁에서 죽어간 수많은 사람들, 그리고 그들의 남겨진 가족들은 무슨 생각을 했을까요? 전쟁과 평화, 우리는 어떤 선택을 해야 할까요?

1 괄호 안에서 옳은 것을 고르세요.

(가) 황산벌 전투에서 패한 (백제, 신라)는 사비성이 함락되면서 멸망하였다.

(나) 복신, 도침, 흑치상지는 (고구려, 백제)의 부흥운동을 이끌었다.

(다) 안승, 검모잠, 고연무는 (고구려, 백제)의 부흥운동을 이끌었다.

(라) 나당 연합군의 공격으로 (안시성, 평양성)이 함락되면서 고구려는 멸망하였다.

2 다음 중 백제의 부흥운동과 관련이 없는 인물은?

① 복신   ② 안승   ③ 도침   ④ 부여풍

3 고구려는 ○○왕 때 나당 연합군의 공격을 받아 멸망하였다.

4 자료의 사건들을 일어난 순서대로 바르게 나열하세요.

(가) 황산벌 전투   (나) 관산성 전투   (다) 대야성 전투

 (가)에 해당하는 인물로 옳은 것은?   제49회 기본 6번

① 계백   ② 검모잠   ③ 김유신   ④ 흑치상지

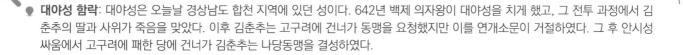

● **대야성 함락**: 대야성은 오늘날 경상남도 합천 지역에 있던 성이다. 642년 백제 의자왕이 대야성을 치게 했고, 그 전투 과정에서 김춘추의 딸과 사위가 죽음을 맞았다. 이후 김춘추는 고구려에 건너가 동맹을 요청했지만 이를 연개소문이 거절하였다. 그 후 안시성 싸움에서 고구려에 패한 당에 건너가 김춘추는 나당동맹을 결성하였다.

17 신라, 당을 몰아내고 삼국통일을 완성하다

나당 연합군의 공격으로 백제가 멸망하자, 당은 곧 웅진도독부를 설치하여 옛 백제 땅을 지배하려는 야욕을 드러냈어요. 그리고 663년에는 신라의 수도인 서라벌(경주)에 계림도독부까지 설치했어요. 그리고 668년 고구려가 멸망하자, 평양에 안동도호부를 설치하면서 당이 한반도 전체를 차지하려는 야욕을 드러내요. 이에 맞서 신라는 당과의 긴 싸움(나당전쟁)을 시작하게 되지요. 그 과정에서 신라는 고구려 부흥운동을 도와주기도 했어요. 결정적으로 675년 당의 20만 대군을 매소성에서 격파하였고, 이듬해 금강 하구의 기벌포에서 당의 수군을 물리치면서 삼국통일을 완성하게 돼요.

참고로 신라가 당과 함께 사비성을 함락시키고 백제를 멸망시킬 당시 신라의 왕은 태종 무열왕, 즉 김춘추였어요. 신라는 골품제에 따라 성골만이 왕위에 오를 수 있었는데, 김춘추는 진골이었어요. 그런데 진덕여왕을 끝으로 성골이 사라지면서 진골 출신인 그가 김유신의 도움을 받아 654년에 신라의 왕이 되었는데, 그래서 그를 최초의 진골 출신 왕으로 기록하고 있어요.

무열왕이 661년에 죽자 그의 아들이 왕이 되는데, 그가 바로 문무왕이에요. 그는 당과 연합하여 고구려를 멸망시켰고, 이후 매소성, 기벌포 전투에서 승리하면서 당을 몰아내고 삼국통일을 완성했어요. 이 문무왕은 죽어서도 용이 되어 동해를 지키겠다면서 자신의 무덤을 바다에 만들게 했는데, 그것이 바로 '대왕암'이에요.

어쨌거나 신라의 삼국통일로 기나긴 전쟁이 끝나고, 평화가 찾아왔어요. 비록 옛 고구려 땅 대부분을 당에게 빼앗기고, 대동강 이남 지역으로 영토가 축소되었고, 통일 과정에서 외세(=당)를 끌어들였다는 점이 무척 아쉽기는 하지만, 삼국통일을 통해 삼국의 문화가 하나로 합쳐져 민족문화가 발달할 수 있는 밑바탕이 만들어졌다는 점은 큰 의미가 있어요.

경주 대왕암(문무대왕릉)

1 괄호 안에서 옳은 것을 고르세요.

(가) 백제 멸망 이후 당은 옛 백제 땅을 지배하기 위해 (안동도호부, 웅진도독부)를 설치하였다.

(나) 신라는 (황산벌 전투, 기벌포 전투)에서 승리하여 당을 몰아냈다.

(다) 신라는 (무열왕, 문무왕) 때 삼국통일을 완성하였다.

2 자료에서 설명하는 신라의 왕은 ○○○이다.

> 그는 당과 연합하여 고구려를 멸망시켰으며, 이후 나당전쟁을 통해 당을 몰아내고 삼국통일을 완성하였다. 또한 죽어서도 나라를 지키는 용이 되겠다는 그의 유언에 따라 바다에 장사를 지냈다고 전해진다.

3 신라 문무왕의 재위기간에 있었던 사실로 옳은 것은?

① 불교를 공인하였다.　　　　　　　② 우산국을 정복하였다.

③ 대가야를 정복하였다.　　　　　　④ 기벌포 전투에서 승리하였다.

 (가)에 들어갈 사건으로 옳은 것은? 　제41회 초급 8번

① 고창 전투　　　② 기벌포 전투　　　③ 안시성 전투　　　④ 처인성 전투

● **삼국 간의 항쟁과 관련된 주요 전투 순서 _** ① 백제의 공격으로 고구려 고국원왕이 평양성에서 전사(← 근초고왕) ② 신라에 침범한 왜를 고구려군이 격퇴(← 광개토대왕) ③ 고구려의 공격으로 백제 개로왕이 전사(← 장수왕(고구려)) → 웅진천도 ④ 백제 성왕이 관산성 전투에서 전사(← 진흥왕(신라)) ⑤ 신라가 대야성 전투에서 패함(← 의자왕(백제)) ⑥ 황산벌 전투(신라와 백제) → 사비성 함락(백제 멸망) ⑦ 평양성 함락(고구려의 멸망) ⑧ 매소성 전투와 기벌포 전투(나당전쟁)

18 삼국의 문화, 그 못다 한 이야기

금동미륵보살반가사유상
(국보 제83호)

앞서 우리는 삼국과 가야의 주요 문화유산을 나라별로 구분해서 만났어요. 그런데 그렇게 뚜렷하게 나라별로 구분되지 않는 것도 있어요. 대표적인 것이 '금동미륵보살반가사유상'이에요. 금동으로 미륵보살*의 모습을 만들었는데, 그 미륵보살이 한쪽 다리를 다른 쪽 다리에 올린 모습(반가)으로 생각에 잠겨있는(사유) 형태라는 뜻을 담고 있는 명칭이죠. 이 불상은 일본에 영향을 미치는데 일본 고류사에 있는 목조미륵보살반가사유상이 재질만 금동에서 나무로 바뀌었을 뿐 그 형태는 고스란히 영향을 받아 만들어진 거예요. 그리고 일본 문화에 영향을 준 것으로 고구려의 고분벽화도 빼놓을 수 없어요. 고구려 수산리 고분의 벽화가 일본 다카마쓰 고분의 벽화에 고스란히 영향을 주거든요.

그리고 삼국 시대 불교가 발달하면서 여러 승려들이 활약을 했어요. 고구려의 승려 혜자는 일본에 건너가 쇼토쿠 태자의 스승이 되었고, 백제의 승려 노리사치계는 일본에 불교를 전해주었어요. 그리고 신라에서는 원광이 세속 5계를 만들어 화랑도의 계율로 삼게 하였고, 자장은 황룡사 9층 목탑을 만들게 하였다고 알려져 있어요. 특히 삼국통일을 전후한 시기

고구려 수산리 고분벽화

에 활동했던 신라의 대표적인 승려가 원효와 의상인데, 그중 원효는 모든 것이 한마음에서 나온다는 일심사상, 그리고 어려운 불교 경전을 몰라도 착하게 살면서 '나무아미타불*'만 외우면 누구나 극락정토에 갈 수 있다고 가르쳐 불교를 대중화시켰어요. 또한 의상은 당에서 화엄사상을 배운 뒤 돌아와 신라 화엄종을 개창하였고, 부석사와 낙산사 등의 절을 만들었어요.

일본 다카마쓰 고분벽화

➕ 생각 더하기

원효와 의상

신라를 대표하는 두 승려, 원효와 의상을 구분하는 것이 쉽지가 않을 거예요. 원효와 의상이 함께 불교를 공부하러 중국으로 가다가, 원효가 중간에 모든 것은 마음에서 비롯된다는 깨달음을 얻고 돌아왔고, 반면 의상은 중국에 오래 머물며 불교를 공부하고 돌아오지요. **원효는 일심사상을 바탕**으로 불교 종파 간의 조화를 강조하는 **화쟁사상**을 주장하며 『**십문화쟁론**』을 지었고, '무애가'라는 노래를 지은 것으로 알려져 있어요. 그리고 **의상**은 "하나가 전체요, 전체가 하나다."라는 **화엄사상을 주장**하여 신라 사회의 통합에 기여하였어요. 그 화엄사상을 그림으로 표현한 것이 **"화엄일승법계도"**라는 거예요.

1 괄호 안에서 옳은 것을 고르세요.

(가) 고구려의 승려 (혜자, 노리사치계)는 일본 쇼토쿠 태자의 스승이 되었다.

(나) 세속 5계를 지어 화랑도의 계율을 만든 것은 신라의 승려 (원광, 자장)이다.

(다) 일심사상을 바탕으로 화쟁사상을 주장하였으며, '나무아미타불'을 외우면 누구나 부처가 될 수 있다고 한 것은 신라의 승려 (원효, 의상)이다.

2 오른쪽 불상의 이름은 금동○○○○반가사유상이다.

3 의상에 대한 설명으로 옳은 것은?

① 세속 5계를 지었다.   ② 화엄사상을 주장하였다.

③ 황룡사 9층 목탑의 건축을 주장하였다.   ④ 일심사상을 바탕으로 화쟁사상을 주장하였다.

 (가) 인물에 대한 설명으로 옳은 것은? [제50회 기본 7번]

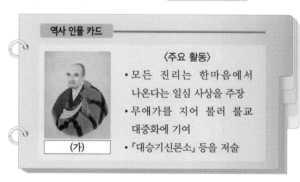

역사 인물 카드

〈주요 활동〉
- 모든 진리는 한마음에서 나온다는 일심 사상을 주장
- 무애가를 지어 불러 불교 대중화에 기여
- 『대승기신론소』 등을 저술

(가)

① 세속 5계를 지었다.   ② 십문화쟁론을 저술하였다.

③ 수선사 결사를 제창하였다.   ④ 영주 부석사를 건립하였다.

💡 **미륵보살**: 미륵보살은 미래에 고통받는 중생을 구원하러 오는 부처를 가리키는 것으로, 특히 우리나라에서는 고통스런 현실을 벗어나고자 하는 염원으로 이 미륵보살을 숭배하는 미륵신앙이 크게 발달하였다.

💡 **아미타불**: 죽은 사람을 극락세계로 이끈다고 알려진 부처이다. 극락세계를 일컫는 말이 극락정토 또는 서방정토인데, 그래서 아미타불을 숭배하는 불교 종파를 정토종이라고도 한다.

📖 금동미륵보살반가사유상

➡ 일본의 고류사 목조미륵보살반가사유상에 영향

📖 고구려의 벽화

➡ 일본 고분의 벽화에 영향

📖 삼국 시대 주요 승려

고구려	혜자	일본 쇼토쿠 태자의 스승
백제	노리사치계	일본에 불교를 전함.
신라	원광	세속 5계를 지음.
	자장	황룡사 9층 목탑을 만들자고 건의
	원효	일심사상, 불교의 대중화(아미타신앙), 화쟁사상, 십문화쟁론, 무애가
	의상	당에서 공부, 화엄사상 주장, 부석사와 낙산사 창건

01 다음 대화 이후에 있었던 사실로 옳은 것은? 　제47회 기본 6번

자네 소식 들었는가? 며칠 전 김유신 장군이 이끄는 우리 신라군이 황산벌 전투에서 마침내 승리하였다네.

나도 들었네. 계백이 이끄는 결사대와 싸워 힘겹게 승리했다더군.

① 대가야가 신라에 정복되었다.
② 고구려가 안시성에서 당군을 격퇴하였다.
③ 흑치상지가 백제 부흥운동을 전개하였다.
④ 김춘추가 당과의 군사 동맹을 성사시켰다.

02 (가) 시기에 있었던 사실로 옳은 것은? 　제52회 기본 7번

백제가 우리 신라의 여러 성을 빼앗았습니다. 군대를 파견하여 도와주십시오.

죽령 서북 땅은 본래 우리 것이니, 그곳을 돌려준다 면 군사를 보내줄 것이오.

보장왕

김춘추　연개소문

(가)

이곳 황산벌에서 신라군에 맞서 죽을 각오로 싸우자!

계백

① 신라와 당이 동맹을 맺었다.　② 백제가 수도를 사비로 옮겼다.
③ 대가야가 가야연맹을 주도하였다.　④ 고구려가 살수에서 수의 대군을 격파하였다.

Ⅲ · 남북국 시대의 전개

한국사능력검정시험 도전하기

03 다음 가상 뉴스에서 보도하고 있는 사건이 일어난 시기를 연표에서 옳게 고른 것은? 제55회 기본 6번

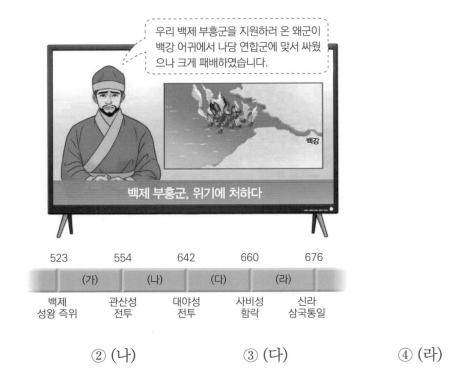

① (가)　　　② (나)　　　③ (다)　　　④ (라)

04 다음 가상 일기의 밑줄 그은 '이 전투'로 옳은 것은? 제54회 기본 5번

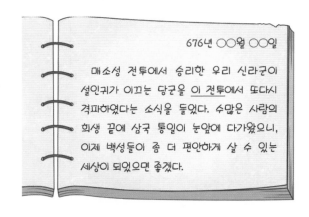

① 살수 대첩　　　② 기벌포 전투
③ 안시성 전투　　　④ 황산벌 전투

05 (가)에 해당하는 인물로 옳은 것은? 제47회 기본 7번

① 원효   ② 일연   ③ 의상   ④ 지눌

06 (가)에 해당하는 인물로 옳은 것은? 제44회 초급 4번

① 원효   ② 의천   ③ 지눌   ④ 혜심

Ⅲ · 남북국 시대의 전개

19 통일 신라의 변천

통일 신라의 영토(9주 5소경)

삼국통일 전쟁을 치르면서 신라는 왕권이 크게 강화되었고, 그에 따라 무열왕 김춘추의 자손들만이 왕의 자리를 안정적으로 세습하였어요. 그리고 왕권이 강해지자 그동안 귀족세력을 대표하며 화백 회의를 이끌던 상대등의 권한은 약화되었고, 그 대신 왕명을 집행하는 관청인 '집사부'의 장관인 '시중'의 권한이 강화되었어요.

특히 문무왕의 아들인 **신문왕**은 자신의 장인인 **김흠돌**이 역모를 꾀했다는 이유로 제거하면서 강력한 왕권을 수립하였어요(김흠돌의 난). 그리고 관료들에게 **관료전***을 지급하고, 그 대신 귀족세력의 경제기반이었던 **녹읍***을 폐지해버리죠. 그리고 **지방을 9주 5소경 체제로 정비**하였어요. 또한 최고 교육기관인 '국학'을 설립한 것도 신문왕이에요. 신문왕 때 아버지 문무왕의 은혜에 감사한다는 의미를 담아 완성한 절이 '감은사'라는 절이고요.

이후 신라는 성덕왕, 경덕왕 등을 거치며 찬란한 문화를 꽃피웠어요. 하지만 경덕왕이 죽고 **혜공왕**이 겨우 8살의 나이에 왕위에 오르자 귀족세력들이 반란을 일으켜 혜공왕을 죽였고, 선덕왕이 왕위에 오르는데 그는 무열왕의 후손이 아닌 내물왕의 후손이었어요. 이때부터를 신라 하대라고 해요. 신라 하대에는 150여 년 동안 무려 20명의 왕이 등장해요. 그만큼 진골 귀족들이 서로 왕위를 차지하기 위해 치열한 싸움을 벌였고, 그 싸움 가운데 대표적인 것이 김헌창의 난이었어요. 지금의 전라남도 완도에 설치한 청해진을 무대로 해상무역을 장악했던 **장보고**가 왕위 다툼에 뛰어들어 반란을 일으킨 것도 이 시기예요.

이렇듯 치열하게 전개되는 왕위 다툼, 그 상황에서 죽어나는 것은 백성, 즉 농민들이었어요. 백성들은 항상 가혹한 수탈에 시달렸거든요. 결국 백성들은 견디다 못해 전국 각지에서 많은 봉기를 일으켰는데, 진성여왕 때 일어난 '원종과 애노의 난'이 대표적이에요. 이때 **호족**이라는 새로운 세력이 나타났어요. 그들은 각 지방에 성을 쌓고 성주가 되거나, 백성들을 끌어모아 자신의 군사로 만든 뒤 스스로를 장군이라 부르게 했어요. 호족들은 낡은 신라를 대신할 새로운 나라를 꿈꾸면서, 새로운 나라들을 세워요. 그렇게 해서 시작되는 것이 후삼국 시대예요.

1 괄호 안에서 옳은 것을 고르세요.

(가) 삼국통일 이후 왕권이 강화되면서 (상대등, 시중)의 권한이 약화되었다.

(나) (문무왕, 신문왕)은 관료전을 지급하고 녹읍을 폐지하였다.

(다) 혜공왕 이후 신라의 왕권이 크게 흔들리면서 (김흠돌의 난, 김헌창의 난)이 일어났다.

(라) 신라 말 스스로를 성주, 장군이라 칭하며 지방에서 크게 성장한 세력을 (귀족, 호족)이라 한다.

2 다음 중 신문왕의 업적이 아닌 것은?

① 녹읍을 부활하였다.
② 김흠돌을 제거하였다.
③ 전국을 9주와 5소경으로 나누었다.
④ 최고 교육기관인 국학을 설립하였다.

3 신문왕은 왕권을 강화하고 귀족세력을 견제하고자 관료전을 지급하고 ○○을 폐지하였다.

4 자료의 사건들을 일어난 순서대로 바르게 나열하세요.

(가) 김헌창의 난   (나) 김흠돌의 난   (다) 원종과 애노의 난

 (가)에 들어갈 내용으로 옳은 것은?   제52회 기본 8번

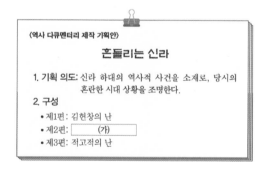

① 만적의 난
② 홍경래의 난
③ 망이 · 망소의 난
④ 원종과 애노의 난

● **관료전**: 신문왕 때 관료들에게 지급한 토지로, 이 토지를 지급받은 관료들은 국가를 대신해서 토지의 주인에게 조세를 징수하였는데, 그 권리를 수조권(조세를 거두는 권리)이라 하였다.

● **녹읍**: 국가를 위해 일하는 대가로 고을을 통째로 지급한 것으로, 녹읍을 지급받은 이는 해당 고을의 조세는 물론, 고을에 사는 주민들의 노동력도 동원할 수 있었다.

20 통일 신라의 문화

불교는 통일 이후 신라에서도 크게 발달해요. 삼국통일을 전후한 시기에 크게 활약했던 원효와 의상, 기억하지요? 두 사람의 활동을 잘 구분해 두세요. 그리고 **혜초**란 승려가 불교의 발생지인 인도를 순례하고 『왕오천축국전』이라는 글을 남겼어요.

감은사지 3층 석탑

불국사

통일 신라의 문화유산으로, **신문왕**이 완성한 감은사라는 절에 세워졌던 3층 석탑 2개가 남아있어요(감은사지 3층 석탑). 그리고 신라가 부처님의 나라, 이상적인 불교국가라는 것을 드러내고자 경덕왕 때 완성된 불국사와 그 불국사 안에 세워진 불국사 3층 석탑(석가탑)과 다보탑이 유명하고요. 다보탑도 3층 양식의 탑이에요. 특히 불국사 3층 석탑(석가탑)에서는 현재 남아있는 가장 오래된 목판 인쇄물* 「무구정광대다라니경」이 발견되었어요. 또한 '석굴암'이라는 인공 석굴사원이 만들어졌는데, 그곳의 본존불상

불국사 3층 석탑(석가탑)

다보탑

이 유명하지요. 그리고 범종으로는 '에밀레종'으로 널리 알려진 성덕대왕신종이 제작되었어요.

신라 하대에 선종이라는 새로운 불교 종파가 전해졌어요. 그동안 불교를 이끌던 교종은 불교 경전을 연구하여 깨달음을 얻는 자만이 부처가 될 수 있는데, 부처는 곧 왕을 의미했어요. 경전 자체를 구하기도 힘들고 경전의 내용을 이해하기도 어려웠던 까닭에, 교종은 성골이나 진골만이 부처가 될 수 있다는 의미였어요. 그런데 선종은 **참선을 통해 누구나 부처, 즉 왕이 될 수 있다고** 얘기

무구정광대다라니경

석굴암 본존불

성덕대왕신종

했어요. 그래서 선종은 새로운 세상을 꿈꾸던 지방의 호족, 그리고 진골에게 항상 기회를 빼앗겨왔던 6두품 세력에게 환영을 받았어요. 아울러 경주가 아닌 새로운 곳에 나라를 세우면 크게 번성할 거라는 **풍수지리설**도 유행했어요.

1 괄호 안에서 옳은 것을 고르세요.

(가) (신문왕, 경덕왕)은 문무왕의 은혜에 감사한다는 의미를 담아 감은사라는 절을 완성하였다.

(나) 인도를 순례하고 왕오천축국전이라는 글을 남긴 신라의 승려는 (의상, 혜초)이다.

(다) 불국사 3층 석탑에서 발견된, 현재 남아있는 가장 오래된 목판 인쇄물은 (팔만대장경, 무구
정광대다라니경)이다.

2 다음 문화유산은 경주 불국사에 있는 ○○○이다.

3 통일 신라의 문화유산이 아닌 것은?

① 석굴암　　　　② 불국사 3층 석탑　　　　③ 성덕대왕신종　　　　④ 미륵사지 석탑

한능검 기출문제 학생들이 공통으로 이야기하는 문화유산으로 옳은 것은? [제55회 기본 7번]

주제: 통일 신라의 석탑

경주 불국사 대웅전 앞에 있어.

2층 기단 위에 3층의 탑신을 세웠어.

탑을 보수하던 중 무구정광대다라니경이 발견되었지.

① 　　② 　　③ 　　④

● **목판 인쇄물**: 목판 인쇄술로 찍어낸 책을 말한다. 목판 인쇄술은 나무 판목에 글자를 거꾸로 새긴 후, 그 나무 판목에 먹을 칠하고 거기에 종이를 씌워 인쇄할 수 있는 기술로 같은 내용을 대량으로 찍어낼 때 적합하다. 고려의 「팔만대장경」이 목판으로 제작되었다. 그에 비해 금속활자는 여러 개의 활자를 미리 금속으로 만든 뒤, 필요할 때마다 이 활자들을 결합하여 인쇄하는 방식이다. 고려의 「직지심체요절」이 금속활자로 인쇄된 가장 오래된 책으로 알려진다.

21 통일 신라의 문화(유학, 인물)

통일 신라의 교역

신문왕이 설치한 최고 교육기관이 뭐였지요? 맞아요, **국학**이에요. 신라 하대에 **원성왕**은 그 국학 학생들의 능력을 상, 중, 하의 3품으로 구분하고 이를 바탕으로 관리들을 등용하는 **독서삼품과**를 시행하였지만, 진골 귀족의 반대로 제대로 시행되지 못했어요.

유학이 발달하면서 뛰어난 학자들도 많이 등장했어요. 그 가운데 원효의 아들인 설총이 이두를 정리했어요. 그리고 **강수**는 외교문서 작성에 뛰어난 능력을 보였다고 전해져요. 김대문은 화랑들의 전기를 모은 『화랑세기』를 지었어요. 그리고 신라 하대에는 **최치원**이 크게 활약했는데, 6두품 출신인 그는 당에 건너가 빈공과*에 합격한 뒤 「토황소격문*」이라는 글을 지어 이름을 떨쳤어요. 그가 다시 신라에 돌아왔을 때, 원종과 애노의 난을 시작으로 전국 각지에서 농민 봉기가 계속되고 있었어요. 그래서 최치원은 당시 왕인 **진성여왕**에게 **10여 개 조항의 개혁안**을 **제시**했는데, 진골 귀족들의 반대로 자신의 개혁안이 제대로 실현되지 못하자 관직을 버리고 이곳저곳을 떠돌며 많은 글을 남겼어요. 그런 그의 글들을 모아서 편찬한 것이 『계원필경』이에요.

한편 통일 이후 신라가 주변 나라들과 활발하게 교역하면서 **신라의 국제무역항인 울산항**에는 **서역 상인***들도 왕래했어요. 그리고 해상 무역이 번성하면서 해적 떼들도 많아지는데, 그때 **장보고**가 **완도**에 **청해진**을 설치하고 해상 무역을 장악했어요. 특히 당과의 교류가 많아지면서 당의 산둥반도 등에 신라방(마을), 신라소(관청), 신라관(숙소), 신라원(절, 사찰) 등 신라인들을 위한 여러 가지 시설들이 생겨나요. 특히 여러 신라원 가운데 가장 유명한 것이 장보고가 세운 법화원이에요.

➕ 생각 더하기

최치원과 6두품
신라 하대의 대표적 유학자인 최치원은 6두품 출신이었어요. 골품제를 바탕으로 한 신라 사회에서 6두품은 진골 다음으로 높은 신분이지만, 아무리 능력이 뛰어나도 진골에 비해 많은 차별을 받았어요.
반면, 중국 당나라에서는 외국인에게도 과거시험의 기회를 보장하고, 능력에 따라 관직을 주었어요. 당의 빈공과에 당당히 합격하고 당에서 관리 생활을 하다 신라에 다시 돌아온 최치원에게 신라는 여전히 골품제의 틀을 벗어나지 못한 답답한 나라였을 뿐이에요. 개인의 능력보다는 각자의 신분을 따지기만 하는 나라, 결국 최치원은 자신이 건의한 개혁안이 흐지부지되자 벼슬을 내던졌던 것이고요.

1 괄호 안에서 옳은 것을 고르세요.

(가) 신문왕 때 설립된 신라의 최고 교육기관은 (국학, 태학)이다.

(나) 원성왕은 국학 학생들을 대상으로 능력을 평가하여 관리로 등용하는 (과거제, 독서삼품과)를 실시하였다.

(다) 원효의 아들인 (설총, 김대문)은 이두를 정리하였다.

2 통일 신라의 국제 무역이 발달하면서 ○○○는 완도에 청해진을 설치하여 해상무역을 장악하였다.

3 최치원에 대한 설명으로 옳지 않은 것은?

① 6두품 출신이었다.

② 화랑세기를 저술하였다.

③ 당의 빈공과에 합격하였다.

④ 진성여왕에게 10여 개의 개혁안을 제시하였다.

한능검 기출문제 ➤ (가)에 들어갈 내용으로 옳은 것은?   제55회 기본 8번

제시된 단계별 힌트를 종합하여 알 수 있는 인물은 누구일까요?

한국사 퀴즈 대회

1단계	6두품 출신의 학자입니다.
2단계	당의 빈공과에 합격해 관직에 올랐습니다.
3단계	진성 여왕에게 시무책 10여 조를 올렸습니다.

① 설총   ② 이사부   ③ 이차돈   ④ 최치원

● **빈공과**: 중국 당에서 외국인을 상대로 실시한 과거시험으로, 신라인뿐만 아니라 발해인들도 빈공과에 합격하는 경우가 많았다.

● **토황소격문**: 최치원이 당의 관리로 있을 때 '황소의 난'이 일어났는데, 난을 일으킨 황소에게 항복을 권유하는 내용을 담아 쓴 글로 원래 명칭은 '격황소서'이다.

● **서역 상인**: 서역(西域)은 중국의 서쪽에 있는 지역을 가리킨다. 오늘날 아라비아 반도 지역을 포함하는데, 그곳 사람들이 이슬람교를 믿고 있어서 이들을 아라비아 상인, 이슬람 상인으로도 부른다.

Ⅲ・남북국 시대의 전개

📖 신문왕의 업적

1 김흠돌의 난을 계기로 귀족세력을 누르고 왕권을 강화
2 관료전을 지급하고 녹읍을 폐지
3 국학 설립, 감은사 완공
4 전국을 9주 5소경으로 정비

📖 신라 하대의 상황

혜공왕 이후 진골 귀족의 치열한 왕위 다툼
➡ '원종과 애노의 난' 등 많은 농민봉기 발생, 지방에서 호족 세력 성장, 선종과 풍수지리설의 유행

📖 통일 신라의 문화

불교	혜초	『왕오천축국전』을 남긴 승려
	감은사	신문왕이 문무왕의 은혜에 감사하는 의미를 담아 완성한 사찰
	불국사	불교의 이상세계를 담아 건축, 석가탑과 다보탑이 있는 사찰
	석굴암	인공으로 건축한 석굴사원, 본존불상
	무구정광대다라니경	현재 남아있는 가장 오래된 목판 인쇄물(석가탑)
	성덕대왕신종	에밀레종
유학	국학	신문왕 때 설립한 최고 교육기관
	독서삼품과	황룡사 9층 목탑을 만들자고 건의
	주요 학자	설총, 강수, 김대문, 최치원

📖 경제 활동

대외무역의 발달
➡ 울산항(국제무역항), 청해진(완도, 장보고)

01 다음 일기의 소재가 된 유적으로 옳은 것은? [제57회 기본 8번]

> ○○월 ○○일 ○요일 날씨: ☀
>
> 오늘은 동해안에 있는 절터에 갔다. 신문왕이 아버지 문무왕에 이어 완성한 곳으로, 절의 이름은 선왕의 은혜에 감사하는 마음을 담아 지었다고 한다. 마침 그곳에는 축제가 열려 대금 연주가 시작되었다. 마치 만파식적 설화 속 대나무 피리 소리가 들리는 것 같았다.

①
경주 감은사지

②
여주 고달사지

③
원주 법천사지

④
화순 운주사지

02 (가), (나) 사이의 시기에 있었던 사실로 옳은 것은? [제47회 기본 8번]

> (가) 헌덕왕 14년, 웅천주 도독 김헌창이 아버지 김주원이 왕위에 오르지 못함을 이유로 반란을 일으켜 국호를 장안, 연호를 경운이라 하였다.
>
> (나) 진성왕 8년, 최치원이 시무 10여 조를 올리자 왕이 좋게 여겨 받아들이고 그를 아찬으로 삼았다.

① 원종과 애노가 봉기하였다.
② 김흠돌이 반란을 도모하였다.
③ 이사부가 우산국을 복속시켰다.
④ 을지문덕이 살수에서 대승을 거두었다.

Ⅲ·남북국 시대의 전개

03 다음 퀴즈의 정답으로 옳은 것은? 제47회 기본 9번

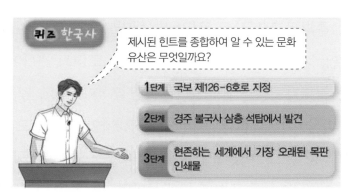

퀴즈 한국사

제시된 힌트를 종합하여 알 수 있는 문화 유산은 무엇일까요?

1단계 국보 제126-6호로 지정

2단계 경주 불국사 삼층 석탑에서 발견

3단계 현존하는 세계에서 가장 오래된 목판 인쇄물

①  팔만대장경

②  왕오천축국전

③  직지심체요절

④  무구정광 대다라니경

04 교사의 질문에 대한 학생의 대답으로 옳은 것은? 제48회 기본 7번

통일 신라의 대외 교역에 대해 말해 볼까요?

① 장보고가 청해진을 설치하여 해상 무역을 주도했어요.

② 무역소를 설치하여 여진과 교역했어요.

③ 개시와 후시를 통한 국경 무역이 활발했어요.

④ 낙랑과 왜에 철을 수출했어요.

05 (가)에 해당하는 문화유산으로 옳은 것은? `제50회 기본 8번`

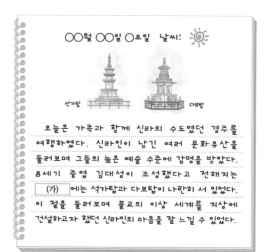

○○월 ○○일 ○요일 날씨: ☀

석가탑   다보탑

오늘은 가족과 함께 신라의 수도였던 경주를 여행하였다. 신라인이 남긴 여러 문화유산을 둘러보며 그들의 높은 예술 수준에 감명을 받았다. 8세기 중엽 김대성이 조성했다고 전해지는 (가) 에는 석가탑과 다보탑이 나란히 서 있었다. 이 절을 둘러보며 불교의 이상 세계를 지상에 건설하고자 했던 신라인의 마음을 잘 느낄 수 있었다.

①

금산사

②

법주사

③

불국사

④

수덕사

06 밑줄 그은 '이 인물'에 대한 설명으로 옳은 것은? `제45회 초급 8번`

이 비석은 문경 봉암사 지증대사탑비야. 비문은 신라의 학자인 이 인물이 썼다고 해.

이 인물은 6두품 출신으로 당에서 빈공과에 합격한 후 관직 생활을 하다가 신라로 돌아왔어. 저서로는 계원필경이 있어.

① 삼국유사를 편찬하였다.　　② 왕오천축국전을 저술하였다.
③ 시무 10여 조를 왕에게 바쳤다.　　④ 무애가를 지어 불교 대중화에 기여하였다.

22 발해의 역사

발해의 최대 영역

고구려가 멸망한 뒤 당은 고구려의 지배층과 유민들을 당의 여러 지역으로 이주시켰어요. 그런 상황에서 **고구려의 장수였던 대조영**은 **고구려 유민*과 말갈인을 이끌고** 요동 지역으로 이동하였고, 이후 동모산으로 이동하여 **발해를 건국**하였어요(698년). 발해는 고구려 계승 의식이 매우 강했어요. 그래서 발해가 일본 등에 보낸 외교문서에도 '고려(고구려) 또는 고려 국왕'이라고 표현했어요.

대조영(고왕)의 뒤를 이어 즉위한 무왕은 '인안'이라는 독자적인 연호를 사용하며, 영토 확장에 힘을 쏟았어요. 이를 견제하고자 당이 발해를 위협해오자, 무왕은 장문휴를 시켜 당의 산둥반도(덩저우) 지역을 공격하게 했어요.

무왕의 뒤를 이은 문왕은 '대흥'이라는 독자적 연호를 사용하였고, 수도를 상경 용천부로 옮겼어요. 그러면서 당과 친선관계를 맺고 당의 제도와 문화를 받아들이죠. 다른 한편으로 신라로 가는 길인 '신라도'를 통해 신라와 교류하였고요.

그리고 한동안 시간이 흘러 **선왕 때**, 요동에서 연해주까지 옛 고구려의 영토보다 더 넓은 영토를 차지하면서 전성기를 누리는데, 이때부터 중국이 발해를 '해동성국'이라 불렀어요. 중국의 바다 동쪽에서 가장 번성한 나라가 발해라는 의미예요. 그리고 선왕도 '건흥'이라는 독자적인 연호를 사용했어요.

신라와 함께 남북국을 형성하였고, 해동성국으로 불리며 융성했던 발해도 시간이 지나면서 지배층의 권력 다툼, 그리고 거란의 침략으로 결국 멸망했어요(926년). **멸망한 발해***의 유민 상당수가 고려로 망명하였고요.

➕ **생각 더하기**

발해와 남북국 시대
발해는 한동안 우리 역사기록에서 외면을 받았어요. 고려 시대 김부식의 주도로 편찬된 『삼국사기』에도 발해에 관한 역사는 빠져있었죠. 그러다 조선 후기 정조 때 유득공이 펴낸 『발해고』라는 역사서를 통해 발해의 역사가 본격적으로 우리 역사로 자리매김하기 시작했어요. 그 책에서 유득공은 남쪽에는 신라, 북쪽에는 발해, 그래서 이 둘을 묶어 남북국 시대라고 부를 것을 주장했어요. 요즘 중국이 '동북공정'이라는 이름으로 고조선, 부여, 고구려, 발해 등 우리의 자랑스런 역사를 마치 중국 역사의 일부인 것처럼 터무니없는 주장을 펼치고 있는데, 그것을 반박할 수 있는 근거를 이미 유득공이 마련한 거예요.

1 괄호 안에서 옳은 것을 고르세요.

(가) 고구려 멸망 이후 (대조영, 보장왕)은 동모산에서 발해를 건국하였다.

(나) 발해의 무왕은 (장문휴, 장보고)를 시켜 당의 덩저우를 공격하게 하였다.

(다) 대조영이 고구려를 계승하여 건국한 나라는 (발해, 후고구려)이다.

(라) 해동성국이라 불리며 번영한 나라는 (신라, 발해)이다.

2 다음 중 발해에서 사용한 연호가 아닌 것은?

① 건흥　　　　　② 대흥　　　　　③ 영락　　　　　④ 인안

3 발해는 고구려 유민과 말갈인으로 구성되었으며, ○○의 침략으로 멸망하였다.

4 발해는 선왕 때 요동에서 연해주까지 영토를 확장하며 전성기를 맞이하였는데, 이때부터 중국은 발해를 ○○○○이라 불렀다.

한능검 기출문제 밑줄 그은 '국가'에 대한 설명으로 옳은 것은?　제54회 기본 9번

이 치미와 용머리상을 남긴 국가에 대해 알려줘.

대조영이 세운 국가로 고구려 계승을 표방하였어.

① 수의 침략을 물리쳤다.

② 기인 제도를 실시하였다.

③ 독서삼품과를 시행하였다.

④ 해동성국이라고도 불렸다.

💡 **유민**: 나라가 망하여, 나라를 잃은 백성을 가리킨다.

💡 **발해 멸망**: 기록상으로는 발해가 거란의 침략을 받아 망했지만, 최근에는 발해 멸망 직전에 백두산에서 대규모 화산 폭발이 있었고, 그것이 발해 멸망의 결정적 원인 가운데 하나였을 거라는 주장이 제기되기도 한다.

발해의 정치와 문화

발해의 중앙 관제

왕 ─ 정당성(상서성) ─ 좌사정 ─ 충부(이호)
                              ─ 인부(호부)
                              ─ 의부(예부)
    ─ 선조성(문하성)
    ─ 중대성(중서성) ─ 우사정 ─ 지부(병부)
                              ─ 예부(형부)
                              ─ 신부(공부)
    ─ 중정대(어사대)
    ─ 문적원(비서성)
    ─ 주자감(국자감)

※ ( ) 안은 당의 관제임.

발해는 문왕 때 당과 친선관계를 맺고 당의 제도와 문화를 본격적으로 받아들였다는 얘기를 했지요? 발해는 중앙 정치제도로 당의 제도인 3성 6부제를 받아들였어요. 하지만 발해는 3성 6부제를 발해의 실정에 맞게 운영방식도 바꾸고 명칭도 바꾸어 자신들의 독자성을 보여요. 3성 가운데 정당성이 최고 관청이었고, 그 정당성 아래에 6부를 두어 행정실무를 담당하게 했어요. 그리고 발해는 관리들의 비리를 감찰하는 기구인 중정대, 최고 교육기관인 주자감도 설치했어요. 또한 발해는 넓은 영토를 효과적으로 통치하기 위해 지방 행정 조직으로 5경 15부 62주를 두었어요.

발해 석등*

발해는 문왕 때부터 당과의 교류가 많아지면서 많은 발해인이 당에 건너가 머물렀는데, 이런 발해인을 위해 당이 산둥반도에 발해관을 설치하여 발해인이 머물 수 있게 했어요. 또한 당의 빈공과에 합격하는 발해인도 많았다고 전해져요. 아울러 '신라도'를 통해 신라와 교류하였고, 바다 건너 일본과는 '일본도'를 통해 교류했어요.

이불병좌상

발해의 치미*

발해는 고구려를 계승한 나라예요. 그래서 발해의 문화는 고구려의 영향이 강하게 드러나요. 온돌*, 거대한 '발해 석등'과 '발해의 치미', 그리고 굴식 돌방무덤 형태로 만들어진 '정혜공주 묘' 등이 고구려 문화를 고스란히 이어받은 거예요. 한편으로 발해의 수도였던 상경성이 당의 수도인 장안성을 본떠 만들어진 것은 당의 영향을 받은 것이고요. 그리고 발해의 불상으로 가장 유명한 것이 '이불병좌상'이에요. 두 부처가 나란히 앉아있는 모습의 불상이지요. 그리고 탑으로는 '영광탑'이 유명한데, 이 영광탑은 벽돌로 쌓아 올린 전탑이에요.

영광탑

1 괄호 안에서 옳은 것을 고르세요.

(가) 발해는 (당, 고구려)의 정치제도인 3성 6부제를 바탕으로 중앙정치 제도를 정비하였다.

(나) 발해의 정치 기구 가운데 (정당성, 주자감)이 최고 관청이었고, 그 아래 6부를 두었다.

(다) 발해는 (집사부, 중정대)를 두어 관리들의 비리를 감찰하였다.

(라) 발해는 지방 행정구역을 (9주 5소경, 5경 15부 62주)로 나누었다.

2 다음은 발해의 문화유산인 ○○○○○○이다.

3 발해의 문화유산이 아닌 것은?

① 영광탑   ② 칠지도   ③ 정혜공주 묘

(가) 국가에 대한 설명으로 옳은 것은? [제57회 기본 7번]

(가) 의 영광탑을 보러 왔습니다. 벽돌로 쌓은 이 탑은 높이가 약 13미터에 이릅니다. 지하에는 무덤 칸으로 보이는 공간이 있어 (가) 의 정효공주 무덤탑과 같은 양식으로 추정하기도 합니다.

① 송악에서 철원으로 도읍을 옮겼다.

② 수의 군대를 살수에서 크게 무찔렀다.

③ 인재 선발을 위하여 독서삼품과를 시행하였다.

④ 정당성 아래 6부를 두어 행정을 담당하게 하였다.

● **석등**: 절(사찰) 안에 불을 밝히기 위해서 돌로 만든 등으로, 발해의 석등은 그 높이가 6미터가 넘는다.

● **온돌**: 아궁이에 불을 피우고, 그 열을 이용해서 바닥의 구들장을 데워 열을 보존하는 난방장치이다.

● **치미**: 목조 건축물의 지붕을 가로지르는 용마루가 있는데, 그 용마루의 양쪽 끝에 장식하던 기와를 일컫는 말이다. 치미의 크기에 따라 전체 건축물의 크기를 추정할 수 있다.

Ⅲ · 남북국 시대의 전개

24 후삼국 시대의 전개

후삼국의 통일

신라 하대에 치열한 왕위 다툼으로 신라 백성들의 삶은 절망에 빠졌고, 그런 상황에서 호족, 선종, 6두품 세력이 뜻을 모아 새로운 세상을 꿈꾸었어요. 그 결과 **후백제, 후고구려**가 차례로 건국되면서, 신라와 함께 **후삼국 시대**가 전개돼요. 먼저 900년에 **견훤이 완산주**(지금의 전주)에 도읍을 정하고 후백제를 건국했어요. 그리고 이듬해 신라의 왕족 출신으로 알려진 **궁예**가 송악(지금의 개성)에 도읍을 정하고, **후고구려**를 건국했지요. 궁예는 곧 나라 이름을 마진, 태봉으로 바꾸었고, 철원으로 도읍을 옮겼어요. 또한 궁예는 최고 관청으로 광평성을 두었고, 자신을 미륵불이라 칭하기도 하였어요.

한편, **송악**의 호족이었던 왕건은 궁예의 신하가 되었고, 후백제의 근거지 중 하나인 **전라도 나주 지역**을 점령하면서 세력을 키웠어요. 이후 왕건은 궁예를 내쫓고 왕위에 오르면서 나라 이름을 태봉에서 고려로 바꾸었고(918년), 이듬해 송악으로 도읍을 옮겼어요.

왕건은 신라를 가까이 하며 후백제를 견제했어요. 결국 고려와 후백제가 충돌하였는데, 그 시작이 **공산**(지금의 대구) **전투***였어요. 여기서 왕건의 고려 군대는 견훤의 후백제군에게 대패했어요. 하지만 이후 고창(지금의 안동) 전투에서 고려 군대가 승리하면서 분위기가 바뀌죠. 그 상황에서 후백제의 견훤이 아들 신검에게 왕의 자리를 빼앗기고 금산사라는 절에 감금이 되었는데, 견훤은 이때 왕건에게 연락해 고려에 **투항***을 해요. 그리고 신라의 경순왕이 후백제의 압박에 시달리다 스스로 고려에 항복을 하게 돼요(935년). 이제 남은 나라는 왕건의 고려와 신검의 후백제인데, 고려는 신검이 이끄는 후백제군을 일리천(지금의 구미)에서 격파하며 후삼국 통일을 완성하게 돼요(936년).

➕ 생각 더하기

후삼국의 통일
고려가 후삼국을 통일할 수 있었던 힘은 무엇이었을까요? 천년 역사의 신라나 이제 갓 등장한 후백제보다, 고려라는 나라를 이끄는 사람들이 당시 후삼국 시대를 살았던 사람들의 마음을 더 많이 얻었던 까닭 아닐까요? 백성들을 희망과 행복이 가득한 세상으로 이끌겠다던 신라의 약속, 그 약속이 신라 하대의 끊임없는 왕위 다툼으로 깨져버린 상황에서 지배층의 가혹한 수탈로 절망에 빠진 수많은 백성들, 그 백성들이 스스로 세상을 바꾸기 위해 힘을 합쳐 봉기했고, 다른 한편에서 견훤, 궁예, 왕건과 같은 호족들이 백성들의 마음을 얻기 위해 나름의 방식으로 신라와는 다른 자신들의 비전을 제시하였죠. 그리고 그 시대를 살았던 많은 이들이 왕건의 비전과 진정성을 선택했던 것이지요. 세상을 바꾸는 가장 큰 힘, 그것은 백성들, 시민들의 마음이거든요.

1 괄호 안에서 옳은 것을 고르세요.

(가) (견훤, 궁예)는 완산주에 도읍을 정하고 후백제를 건국하였다.

(나) (왕건, 궁예)는 송악에 도읍을 정하고 후고구려를 건국하였으며, 이후 국호를 마진,
태봉으로 바꾸었으며 자신이 미륵불이라고 주장하였다.

(다) 공산 전투에서 (고려, 후백제)가 승리하였다.

(라) 신라는 경순왕 때 (고려, 후백제)에게 항복하면서 멸망하였다.

2 궁예가 나라를 이끌면서 설치한 최고 관청의 이름은 ○○○이다.

3 다음 사건들을 일어난 순서대로 바르게 나열하시오.

(가) 고창 전투   (나) 고려 건국   (다) 일리천 전투   (라) 신라의 멸망

한능검 기출문제 (가)~(다)를 일어난 순서대로 옳게 나열한 것은? [제55회 기본 10번]

① (가) - (나) - (다)
② (가) - (다) - (나)
③ (나) - (가) - (다)
④ (다) - (가) - (나)

- **공산 전투**: 지금의 대구 팔공산에서 후백제군과 고려군이 싸운 전투이다. 후백제가 신라를 공격하자 신라의 경애왕이 고려에 도움을 청했지만, 왕건의 고려군이 도착하기 전에 이미 후백제군이 경애왕을 죽이고, 경순왕을 즉위시켰다. 뒤늦게 도착한 왕건의 고려군은 견훤의 후백제군에게 공산 전투에서 크게 패하였으며, 왕건은 부하인 신숭겸의 희생으로 겨우 목숨을 건졌다.
- **투항**: 무기를 버리고 적에게 항복하다.

📖 발해의 주요 왕

왕	주요 업적	연호
대조영(고왕)	고구려 유민과 말갈인을 이끌고 동모산에서 발해를 건국	
무왕	장문휴를 시켜 당의 덩저우(산둥반도) 공격	인안
문왕	당과 친선관계, 3성 6부제 수용, 신라도 개설, 상경용천부 천도	대흥
선왕	영토 확장, 발해의 전성기 → '해동성국'이라 불림.	건흥

📖 발해의 정치

1. **중앙**: 3성 6부, 정당성이 최고 관청, 정당성 아래 6부를 둠. 중정대, 주자감
2. **지방**: 5경 15부 62주
3. **멸망**: 거란의 침입으로 멸망

📖 발해의 문화: 고구려 문화를 바탕으로 당의 문화 수용

이불병좌상, 발해 석등, 온돌, 정혜공주 묘, 영광탑 등

📖 후삼국 시대

1. **후백제**: 견훤이 완산주에 도읍을 정하고 건국(900년)
2. **후고구려**: 궁예가 송악에 도읍을 정하고 건국(901년), 마진, 태봉으로 국호를 바꾸고, 철원으로 도읍을 옮김. → 왕건이 궁예를 몰아내고 '고려' 건국(918년), 송악으로 도읍을 옮김.

📖 후삼국의 통일 과정

고려 건국 ➡ 공산 전투 ➡ 고창 전투 ➡ 신라의 멸망 ➡ 일리천 전투(후백제 멸망)

01 밑줄 그은 '이 국가'에 대한 설명으로 옳은 것은?　제49회 기본 10번

이것은 고구려 문화의 영향을 받은 이 국가의 문화유산입니다. 고구려의 옛 영토를 대부분 회복한 이 국가는 전성기에 해동성국이라 불렸습니다.

온돌 시설
(러시아 콕샤로프카)

치미
(중국 헤이룽장성)

① 상수리 제도를 실시하였다.

② 전국에 9주 5소경을 두었다.

③ 제가회의에서 중요한 일을 결정하였다.

④ 인안, 대흥 등의 독자적 연호를 사용하였다.

02 (가)에 들어갈 문화유산으로 옳은 것은?　제44회 초급 10번

①
금동대향로

②
이불병좌상

③
금관총 금관

④
철제 판갑옷과 투구

Ⅲ · 남북국 시대의 전개

03 (가) 국가에 대한 설명으로 옳은 것은? 제52회 기본 9번

① 글과 활쏘기를 가르치는 경당을 두었다.
② 정사암에서 국가의 중대사를 결정하였다.
③ 청해진을 중심으로 해상 무역을 전개하였다.
④ 5경 15부 62주로 지방 행정 제도를 정비하였다.

04 (가)에 들어갈 내용으로 옳은 것은? 제54회 기본 10번

 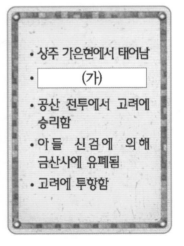

① 철원으로 천도함   ② 후백제를 건국함
③ 훈요 10조를 남김   ④ 경주의 사심관으로 임명됨

05 밑줄 그은 '이 인물'에 대한 설명으로 옳은 것은? [제50회 기본 10번]

신라 왕실의 후예로 알려진 이 인물은 양길의 부하가 되어 세력을 키웠다.

이후 그는 송악을 도읍으로 삼아 새로운 국가를 세웠다. 스스로를 미륵불이라 칭하였다.

① 훈요 10조를 남겼다.

② 청해진을 설치하였다.

③ 백제 계승을 내세웠다.

④ 국호를 태봉으로 바꾸었다.

06 다음 가상 뉴스에서 보도하고 있는 사건이 일어난 시기를 연표에서 옳게 고른 것은? [제51회 기본 11번]

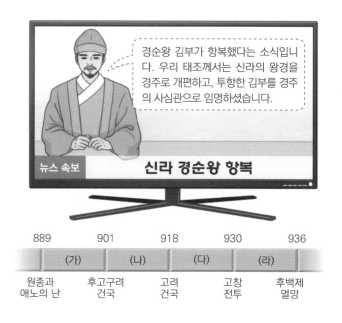

경순왕 김부가 항복했다는 소식입니다. 우리 태조께서는 신라의 왕경을 경주로 개편하고, 투항한 김부를 경주의 사심관으로 임명하셨습니다.

뉴스 속보 | 신라 경순왕 항복

889	901	918	930	936
(가)	(나)	(다)	(라)	
원종과 애노의 난	후고구려 건국	고려 건국	고창 전투	후백제 멸망

① (가)　　　　② (나)　　　　③ (다)　　　　④ (라)

93

정답과 풀이

3 1 독해 한국사 1권

Ⅰ. 선사 시대와 여러 나라의 발전

본문 11쪽

1 구석기 시대, 뗀석기를 만들다!

1 (가) 뗀석기 (나) 동굴 (다) 이동

2 주먹도끼

3 ③, ④가 구석기 시대에 볼 수 있는 모습이에요.

오답 피하기 ① 계급이 처음 발생한 것은 청동기 시대, ② 농경과 목축이 시작된 것은 신석기 시대

한능검 기출문제

정답 ③

풀이 주먹도끼, 찍개 등은 구석기 시대에 처음 제작된 대표적인 뗀석기예요. 구석기 시대 사람들은 주로 동굴이나 막집에서 거주했어요.

오답 피하기 ① 철제 농기구의 제작은 철기 시대, ② 토기를 만들어 식량을 저장하기 시작한 것은 신석기 시대, ④ 그리고 거푸집은 청동기를 제작하는 틀이므로 청동기 시대부터 처음 볼 수 있는 모습이에요.

본문 13쪽

2 신석기 시대, 농경과 목축을 시작하다

1 (가) 간석기 (나) 농경 (다) 빗살무늬 토기

2 가락바퀴

3 ① 농경과 목축의 시작, 그것이 신석기 시대에 볼 수 있는 모습이에요. 이를 통해 정착 생활이 가능해진 거예요.

오답 피하기 ② 비파형 동검은 청동으로 만들어졌고, 청동기 시대를 대표하는 유물이에요. ③ 구석기 시대 사람들이 주로 동굴이나 막집에서 생활했어요. 신석기 시대에는 움집에서 생활했고요. ④ 고인돌은 청동기 시대에 계급이 발생한 것을 알려주는 대표적인 문화유산이에요.

한능검 기출문제

정답 ①

풀이 빗살무늬 토기가 처음 제작된 것은 신석기 시대예요. 신석기 시대 사람들은 가락바퀴를 이용하여 실을 뽑고, 이를 이용해 옷을 제작했어요.

오답 피하기 ② 계급이 발생한 청동기 시대에 고인돌은 지배층의 무덤으로 만들어졌어요. ③ 거푸집으로 비파형 동검을 제작한 것은 청동기 시대, ④ 철제 농기구는 당연히 철기 시대에 만들어졌어요.

본문 15쪽

3 청동기 시대, 계급이 발생하다

1 (가) 비파형 동검 (나) 반달돌칼 (다) 고인돌

2 고인돌

3 ① 청동기 시대에 농업 생산력이 크게 증가하면서 사유 재산 제도가 나타나고, 계급이 발생했어요.

오답 피하기 ② 농경과 목축이 처음 시작된 것은 신석기 시대, ③ 가락바퀴로 실을 뽑아 옷을 만든 것도 신석기 시대, ④ 이동생활을 해야 했던 구석기 시대 사람들은 주로 동굴이나 막집에서 생활했어요.

한능검 기출문제

정답 ③

풀이 고인돌은 청동기 시대에 계급이 발생하였음을 보여주는 대표적인 문화유산이에요. 청동기 시대에 벼농사가 발달하면서 반달돌칼을 이용하여 벼를 수확하였어요. 그만큼 생산력이 늘어나면서 계급이 발생한 것이고요.

오답 피하기 ① 우경은 소를 이용해 밭을 가는 것인데, 밭을 가는데 필요한 쟁기나 보습은 철로 만들어요. 그러니까 우경은 철기 시대부터 볼 수 있는 모습이에요. ② 또 나왔죠? 동굴과 막집은 구석기 시대 사람들의 주거지였어요. ④ 가락바퀴는 빗살무늬 토기와 함께 신석기 시대의 대표적 유물이에요.

본문 17쪽

한국사능력검정시험 도전하기

01 (제57회 기본 1번)

정답 ②

풀이 경기도 연천군 전곡리는 한반도의 대표적 구석기 유적지예요. 구석기 시대 사람들은 뗀석기를 이용하여 사냥을 하고, 사냥한 고기를 자르기도 했어요.

오답 피하기 ① 가락바퀴는 신석기 시대의 유물, ③ 빗살무늬 토기도 신석기 시대, ④ 거푸집을 이용해 청동검을 만드는 것은 청동기 시대부터 볼 수 있는 모습이에요.

02 (제43회 초급 1번)

정답 ①

풀이 주먹도끼는 구석기 시대를 대표하는 유물이에요. 주먹도끼는 뗀석기에 해당해요.

오답 피하기 ② 갈돌과 갈판은 신석기 시대의 간석기에 해당해요. ③ 반달돌칼은 청동기 시대에 벼농사가 시작되면서 나타난 수확용 도구예요. ④ 비파형 동검은 청동기 시대의 대표적 유물이에요.

03 (제44회 초급 1번)

정답 ①

풀이 신석기 시대의 생활 모습을 보여주고 있네요. 신석기 시대 사람들은 가락바퀴를 이용해 실을 뽑고, 그 실로 옷을 만들어 입었어요.

오답 피하기 ② 호우명 그릇은 광개토대왕의 업적을 기리는 글이 새겨진 그릇으로, 고구려와 신라의 긴밀한 관계를 보여주는 유물이에요. ③ 청동기에 농사를 짓고 있는 모습을 새긴 것인데, 청동을 사용한 유물은 적어도 청동기 시대부터 제작될 수 있지요. ④ 말을 타고 있는 사람을 조각한 토기인데, 이 문화유산은 가야의 문화유산이에요. 가야는 철기문화를 배경으로 등장한 나라예요.

04 (제47회 기본 1번)

정답 ②

풀이 농경과 정착 생활이 시작된 시대는 신석기 시대예요. 신석기 시대에는 간석기를 제작하기 시작했는데, 갈돌과 갈판이 바로 신석기 시대에 제작된 간석기예요. 곡식이나 나무 열매를 갈판에 올린 뒤, 갈돌로 갈아서 그 껍질을 벗겨 먹었어요.

오답 피하기 ① 주먹도끼는 구석기 시대, ③ 비파형 동검은 청동기 시대, ④ 철제 농기구는 철기 시대예요.

05 (제48회 기본 1번)

정답 ②

풀이 고인돌과 민무늬 토기는 청동기 시대의 대표적 문화유산이에요. 청동기 시대에는 비파형 동검을 제작했어요.

오답 피하기 ① 우경은 소를 이용해 밭을 가는 것인데, 철기 시대부터 우경이 시작되었어요. ③ 철제 농기구의 사용도 철기 시대예요. ④ 주로 동굴과 막집에서 생활한 것은 구석기 시대란 거 기억나지요?

06 (제55회 기본 1번)

정답 ④

풀이 벼농사가 시작된 것, 그리고 반달돌칼을 이용해 벼 이삭 등을 수확한 것은 청동기 시대예요. 청동기 시대에 농업이 본격적으로 발달하면서 농업 생산력이 발달하고, 그 결과 계급이 발생했다는 거 기억나지요? 계급이 발생하면서 지배자의 무덤으로 만들어진 것이 바로 고인돌이었고요.

오답 피하기 ① 우경은 소를 이용해 밭을 가는 것인데, 철기 시대부터 우경이 시작되었어요. ② 철제 무기, 철제 농기구 모두 철기 시대예요. ③ 또 나왔어요. 주로 동굴이나 막집에서 생활한 것은 구석기 시대예요. 느낌이 오나요? 한능검뿐만 아니라 학교 시험, 대학수학능력시험, 그 외 각종 한국사 시험에서는 비슷한 선지가 계속 반복된다는 것, 잊지 마세요.

④ 청동기 시대를 배경으로 고조선이 건국되다

1 (가) 청동기 시대 (나) 삼국유사 (다) 고조선 (라) 한

2 (다)

3 ③

오답 피하기 ① 고구려, ② 부여, ④ 고구려에 대한 설명이에요.

한능검 기출문제

정답 ④

풀이 고조선은 청동기 문화를 바탕으로 성립한 나라이며, 8개 조항으로 된 법(범금 8조)이 있었으며, 한 무제의 공격으로 왕검성이 함락되면서 멸망했어요.

본문 23쪽

5 철기 시대, 여러 나라가 세워지다 (부여와 고구려)

1 (가) 철기 시대 (나) 철기 시대 (다) 부여 (라) 고구려
2 (가) 주몽 (나) 사출도 (다) 영고, 동맹 (라) 졸본, 국내성
　 (마) 제가회의
3 ④ 부여는 법률이 엄격하여 훔친 물건의 12배를 배상하게 하
　 였어요.

오답 피하기 ①, ②, ③ 모두 고구려에 대한 설명이에요.

한능검 기출문제

정답 ①

풀이 지도에서 (가)는 부여, (나)는 고구려, (다)는 옥저, (라)
는 동예예요. 지도 아래쪽에 있는 삼한과 함께 모두 철기문화를
배경으로 등장한 나라들이죠. 그 가운데 부여는 마가, 우가, 저
가, 구가 등이 별도로 다스리는 사출도가 있었고, 12월에 영고라
는 제천 행사를 열었어요.

본문 25쪽

6 철기 시대, 여러 나라가 세워지다 (옥저와 동예, 그리고 삼한)

1 (가) 동예 (나) 동예 (다) 소도 (라) 변한
2 (가) 옥저, 동예 (나) 옥저 (다) 삼한 (라) 고구려
3 ① 동예는 10월에 무천이라는 제천 행사를 열었죠. 또한 책화
　 라는 풍습도 있었지요. 그리고 단궁, 과하마, 반어피 등이 특
　 산물로 유명했어요.

오답 피하기 ② 삼한, ③ 옥저, ④ 고조선에 대한 설명이에요.

한능검 기출문제

정답 ②

풀이 신지나 읍차 등의 지배자가 있었고, 5월과 10월에 계절
제를 지낸 나라는 삼한이에요. 삼한에는 소도라고 불리는 신성
구역이 있었는데, 제사장인 천군이 다스렸어요.

오답 피하기 ① 고구려, ③ 고조선, ④ 동예에 대한 설명이에요.

한국사능력검정시험 도전하기

본문 27쪽

01 (제55회 기본 2번)

정답 ④

풀이 8개 조항으로 된 법을 통해 나라를 다스린 것은 고조선
이에요. 고조선의 건국 이야기는 『삼국유사』에 실려 있어요.

오답 피하기 ① 철 생산이 풍부해 낙랑과 왜에 철을 수출한 나
라는 삼한 가운데 변한, 그리고 그 변한 지역에서 성장한 가야예
요. ② 영고는 부여의 제천 행사, ③ 서옥제는 고구려의 혼인 풍
습이에요.

02 (제57회 기본 3번)

정답 ④

풀이 자료의 출처가 『삼국유사』예요. 그리고 자료 글에 보면
단군왕검, 왕검성, 우거왕 등이 나오지요? 그러니까 자료에 해당
하는 나라는 고조선이네요. 고조선은 8개 조항으로 된 법을 통해
나라를 다스린 거 기억나지요?

오답 피하기 ① 소도는 삼한에서 천군이 다스리던 신성 지역이
에요. ② 낙랑과 왜에 철을 수출한 것은 변한 그리고 가야예요.
③ 화백 회의는 신라의 귀족들이 모여 국가 중대사를 결정했던
기구였어요.

03 (제50회 기본 2번)

정답 ④

풀이 쑹화강 유역, 영고라는 제천 행사, 훔친 물건의 12배로
갚게 한 것, 모두 부여와 관련된 힌트예요. 부여는 왕권이 약했
고, 대신 마가, 우가, 저가, 구가 등의 여러 가들이 별도로 사출도
를 다스렸어요.

오답 피하기 ① 소도는 삼한에서 제사장인 천군이 다스렸던 신
성지역이에요. ② 다른 읍락을 침범하면 소나 말 등으로 배상하
게 한 책화는 동예의 풍습이에요. ③ 범금 8조는 고조선이에요.

04 (제43회 초급 2번)

정답 ③

풀이 주몽이 부여에서 내려와 졸본에 세운 나라는 고구려예
요. 고구려는 곧 졸본에서 국내성으로 옮겼고, 나중에 장수왕 때
에는 평양성으로 도읍을 옮겼어요.

오답 피하기 ① 화백 회의는 신라의 귀족들이 모여 만장일치 방식
으로 국가 중대사를 결정하였던 기구예요. ② 독서삼품과는 통일
신라의 원성왕 때 국학의 학생들을 대상으로 실시한 제도였어요.
④ 소도는 삼한에서 제사장인 천군이 다스렸던 신성지역이에요.

05 (제57회 기본 2번)

정답 ③

풀이 무천이라는 제천 행사, 책화라는 풍습, 이 나라는 동예
예요. 동예의 특산물로 단궁, 과하마, 반어피가 유명했어요.

오답 피하기 ① 서옥제는 고구려의 혼인 풍습이에요. ② 화랑도
는 신라의 청소년 수련 조직이에요. ④ 마가, 우가, 저가, 구가 등
이 사출도를 다스린 건 부여예요.

06 (제47회 기본 3번)

정답 ④

풀이 제사장인 천군이 소도라는 신성지역을 다스린 나라는 삼
한이에요. 삼한에는 신지, 읍차 등의 지배자가 정치를 펼쳤어요.

오답 피하기 ① 8개 조항으로 된 법, 즉 범금 8조는 고조선에
요. ② 영고는 부여의 제천 행사예요. ③ 서옥제는 고구려의 혼인
풍습이에요. 옥저의 혼인 풍습도 기억나지요? 민며느리제였어요.

Ⅱ. 삼국의 성립과 발전

본문 33쪽

7 고구려, 만주를 지배하다!

1 (가) 옥저 (나) 미천왕 (다) 광개토대왕
2 호우명
3 ④ 신라에 침입한 왜를 격퇴한 것은 고구려 광개토대왕의 업
적이에요.

한능검 기출문제

정답 ①

풀이 고구려의 왕으로 불교를 수용하고, 율령을 반포하여 국
가체제를 정비한 왕은 소수림왕이에요. 소수림왕은 유학 교육을
위해 태학을 설립하였어요.

오답 피하기 ② 병부는 신라의 관청으로 법흥왕이 설립하였어
요. ③ 화랑도를 국가적 조직으로 정비한 것은 신라의 진흥왕이
에요. ④ 웅진은 백제의 수도인데, 고구려 장수왕에게 한성을 빼
앗기자 문주왕 때 웅진(지금의 충남 공주)으로 천도하였어요.

본문 35쪽

8 고구려의 전성기, 그리고 위기

1 (가) 장수왕 (나) 평양 (다) 을지문덕 (라) 당
2 광개토대왕릉비
3 ④ 장수왕은 국내성에서 평양으로 천도한 뒤 본격적으로 남진
정책을 추진하였어요.

오답 피하기 ① 살수 대첩을 통해 수나라를 물리친 것은 을지문
덕이에요. ② 당의 침략을 물리친 안시성 싸움은 보장왕 때 일이
에요. ③ 신라에 침입한 왜를 물리친 것은 광개토대왕이에요.

한능검 기출문제

정답 ③

풀이 (가) 영락이라는 연호는 광개토대왕 때 사용했어요.
(나) 태학을 설립한 것은 소수림왕이에요. (다) 국내성에서 평양
으로 도읍을 옮긴 것은 장수왕이고요. 따라서 순서는 (나)-(가)-
(다)예요.

본문 37쪽

9 고구려의 문화유산

1 (가) 돌무지무덤 (나) 도교 (다) 고구려 (라) 굴식 돌방무덤
2 장군총
3 ① 천마총은 천마도가 발굴된 무덤으로, 경상북도 경주에 있
어요. 신라의 무덤이에요.

한능검 기출문제

정답 ③

풀이 고구려의 불상으로 뒷면에 '연가7년'이라는 글자가 새
겨진 문화유산은 금동연가7년명여래입상이에요. 불상을 보고
대략 어떤 나라의 불상인지만 잘 구분할 수 있으면 충분해요.

① 금동 미륵보살 반가사유상이라는 것인데, 삼국 가운데 어떤 나라인지는 명확하지가 않아요. ② 통일 신라를 대표하는 사찰인 석굴암에 있는 본존불이에요. ④ 이것은 발해를 대표하는 불상으로, 두 명의 부처가 나란히 앉아있는 모습이라서 이불병좌상이라고 해요.

✏️ 한국사능력검정시험 도전하기

본문 39쪽

01 (제44회 초급 6번)

정답 ②

풀이 영락이라는 연호를 사용한 왕, 그리고 광개토대왕릉비의 주인공은 광개토대왕이에요. 광개토대왕은 신라 내물왕의 요청을 받아들여, 신라에 침입한 왜를 격퇴했어요.

오답 피하기 ① 웅진에서 사비로 천도하고, 국호를 남부여로 바꾼 이는 백제의 성왕이에요. ③ 불교를 처음으로 공인한 왕은 고구려의 소수림왕, 백제의 침류왕, 신라의 법흥왕이고요. ④ 화랑도를 국가적 조직으로 개편한 왕은 신라의 진흥왕이에요.

02 (제42회 초급 7번)

정답 ④

풀이 태학을 설립하고, 불교를 공인하였으며, 율령을 반포하였다는 사실을 모두 포함할 수 있는 왕은 고구려의 소수림왕이에요.

오답 피하기 ① 고이왕은 백제의 왕으로 관등제와 관복제를 정비했어요. ② 진흥왕은 신라의 전성기를 이끌었고요. ③ 근초고왕은 백제의 전성기를 이끌었어요.

03 (제49회 기본 4번)

정답 ④

풀이 국내성에서 평양으로 천도하면서 남진정책을 추진했고, 이 과정에서 백제의 수도인 한성을 함락시키면서 백제의 개로왕을 전사시킨 왕은 고구려의 장수왕이에요. 장수왕은 아버지인 광개토대왕의 업적을 기리고자 광개토대왕릉비를 건립하였어요.

오답 피하기 ① 태학을 설립한 것은 소수림왕이에요. ② 우산국을 정벌한 것은 신라의 지증왕이고요. ③ 왜에 칠지도를 보낸 것은 백제인데, 그때 왕은 근초고왕으로 알려져 있어요.

04 (제51회 기본 2번)

정답 ④

풀이 무용총은 고구려의 고분이에요. 고구려의 무덤 양식 가운데 벽화가 그려진 무덤 양식 기억나지요? 굴식 돌방무덤. 고구려는 고국천왕 때 재상인 을파소의 건의를 받아들여, 가난한 사람들에게 봄에 곡식을 빌려주고 가을에 갚게 하는 진대법을 실시했어요.

오답 피하기 ① 22담로에 왕족을 파견한 것은 백제의 무령왕이에요. ② 한의 침략으로 우거왕 때 왕검성이 함락되면서 멸망한 나라는 고조선이에요. ③ 신지, 읍차는 삼한의 정치 지배자예요.

05 (제51회 기본 8번)

정답 ②

풀이 수나라가 고구려를 침략한 상황, 그 과정에서 고구려의 장수 을지문덕이 활약하여 수나라 군대를 물리치고 큰 승리를 거둔 전투는 살수 대첩이에요.

오답 피하기 ① 명량 대첩, ④ 한산도 대첩은 임진왜란 과정에서 이순신이 이끄는 조선의 수군이 왜군을 크게 물리친 전투예요. ③ 황산 대첩은 고려 말 이성계가 왜군을 격퇴시킨 전투예요.

06 (제50회 기본 6번)

정답 ④

풀이 고구려군이 당나라 군대를 안시성에서 크게 물리치는 상황, 그것은 살수 대첩에서 패한 수나라가 곧 멸망하고 뒤를 이어 당나라가 중국을 지배하는 상황에서 벌어져요. 그러므로 제시된 연표의 (라) 시기에 해당돼요.

본문 43쪽

10 백제, 한강 유역을 아우르다!

1 (가) 온조 (나) 근초고왕 (다) 침류왕

2 정사암

3 칠지도

4 ④ 근초고왕 때 백제는 북쪽으로 고구려를 압박하며 평양성에서 고국원왕을 전사시켰고, 밖으로는 중국의 요서와 산둥지방, 그리고 일본의 규슈 지역까지 진출했어요.

오답 피하기 ① 백제를 건국한 건 온조였어요. ② 백제가 불교를 공인한 것은 침류왕 때, ③ 백제가 목지국을 정복한 것은 고이왕 때였어요.

한능검 기출문제

정답 ④

풀이 백제의 전성기를 이끌었고, 고구려를 압박하며 평양성 전투에서 승리를 이끈 왕은 근초고왕이에요.

오답 피하기 ① 성왕은 웅진에서 사비로 천도하였고, 나라 이름을 남부여로 바꾸면서 백제의 중흥을 이끈 왕이에요. ② 온조왕은 백제를 건국하였어요. ③ 의자왕은 백제의 멸망 당시 왕이에요.

본문 45쪽

11 백제의 위기와 재도약

1 (가) 무령왕 (나) 신라 (다) 성왕 (라) 관산성
2 웅진(공주), 사비(부여)
3 무령왕릉
4 ④ 22담로를 설치하고 왕족을 파견한 것은 무령왕이에요.

한능검 기출문제

정답 ①

풀이 백제의 수도를 웅진에서 사비로 옮기고, 국호를 남부여로 바꾼 것은 성왕이에요. 성왕은 신라 진흥왕과 함께 고구려를 공격하여 한강 하류 지역을 되찾았는데, 진흥왕이 한강 하류 지역까지 빼앗자 이에 맞서 신라와 싸우다 관산성에서 전사했어요.

오답 피하기 ② 무열왕 김춘추는 신라 최초의 진골 출신 왕이었고, 삼국통일 전쟁을 시작했던 왕이에요. ③ 근초고왕은 백제의 전성기를 이끌었던 왕이에요. ④ 소수림왕은 고구려의 왕으로 태학을 설립하고, 불교를 공인하고, 율령을 반포했어요.

본문 47쪽

12 백제의 문화유산

1 (가) 백제 (나) 불교 (다) 도교
2 ③ 금동연가7년명여래입상은 고구려의 문화유산이에요.

3 ③ 분황사 모전석탑은 돌을 벽돌처럼 깎아 만든 탑으로, 신라의 대표적인 문화유산이에요.

한능검 기출문제

정답 ②

풀이 사진 속 문화유산은 백제의 금동대향로예요. 백제는 웅진 시기에 무령왕이 지방에 22담로를 설치하고 왕족을 파견하였죠.

오답 피하기 ① 노비안검법은 고려 초 광종 때 실시한 제도예요. ③ 화백 회의는 신라의 귀족회의였어요. ④ 마가, 우가, 저가, 구가 등이 사출도를 다스린 것은 부여예요.

본문 49쪽

한국사능력검정시험 도전하기

01 (제47회 기본 5번)

정답 ③

풀이 고구려 장수왕의 공격으로 수도 한성이 함락당하고 개로왕이 전사하자, 백제는 웅진(공주)으로 도읍을 옮겼어요. 백제는 웅진 시기인 무령왕 때 지방에 22담로를 두고 왕족을 파견하였어요.

오답 피하기 ① 과거제는 고려 초 광종 때 도입되었어요. ② 기인 제도는 고려를 건국한 태조 왕건이 호족 세력을 견제하기 위해 실시하였어요. ④ 골품제는 신라의 신분 제도였어요.

02 (제45회 초급 5번)

정답 ②

풀이 위례성은 백제의 첫 수도였어요. 백제는 왜에 칠지도를 보냈는데, 칠지도는 백제와 왜의 긴밀한 관계를 알려주는 유물이에요.

오답 피하기 ① 8조법은 고조선의 법률이었어요. ③ 독서삼품과는 통일 신라의 원성왕이 실시한 제도예요. ④ 동맹은 고구려의 제천 행사예요. 부여의 영고, 동예의 무천도 함께 기억해두세요.

03 (제51회 기본 6번)

정답 ④

풀이 백제가 왜에 보낸 것으로 백제와 왜의 교류를 잘 보여

주는 문화유산은 칠지도예요. 근초고왕 때 보낸 것으로 알려져 있어요.

오답피하기 ① 금동연가7년명여래입상은 고구려의 대표적 불상이에요. ② 앙부일구는 해시계의 원래 이름인데 조선 세종 때 만들어졌어요. ③ 호우명 그릇은 광개토대왕의 업적을 기리는 글이 새겨진 것으로 신라의 호우총에서 발견되었고, 그래서 고구려와 신라의 긴밀한 관계를 알려주는 문화유산이에요.

04 (제46회 초급 6번)

정답 ④

풀이 백제의 불상으로 암벽에 새겨진 불상, 그리고 '백제의 미소'로 널리 알려진 것은 충남 서산에 있는 서산 용현리 마애여래삼존상이에요.

오답피하기 ① 두 부처가 나란히 앉아 있는 모습의 이불병좌상은 발해, ② 금동연가7년명여래입상은 고구려, ③ 파주 용미리 마애이불입상은 고려의 거대한 불상이에요.

05 (제45회 초급 6번)

정답 ④

풀이 전라북도 익산시는 옛 백제의 땅이에요. 그러니까 백제의 석탑 가운데 익산에 세워졌고, 목탑 양식을 반영한 탑으로 최근에 복원된 탑을 찾는 것이네요. 바로 익산 미륵사지 석탑이에요.

오답피하기 ① 분황사 모전석탑은 신라, ② 정림사지 5층 석탑은 충남 부여에 있는 백제의 탑이에요. ③ 불국사 다보탑은 통일 신라의 석탑이고요.

06 (제48회 기본 4번)

정답 ③

풀이 정림사지 5층 석탑, 금동대향로, 산수무늬 벽돌은 모두 백제의 문화유산이에요. 백제는 무령왕 때 지방에 22담로를 설치하고 왕족을 파견하였어요.

오답피하기 ① 진대법은 고구려 고국천왕 때 빈민을 구제하기 위해 실시한 제도예요. ② 상수리 제도는 신라의 제도인데, 지방 세력을 견제하고자 지방 향리 가운데 1명씩을 수도인 경주에 데려와 머물게 한 제도예요. ④ 골품제는 신라의 신분 제도예요.

본문 53쪽

13 **신라, 뒤늦게 나라의 기틀을 갖추다!**

1 (가) 박혁거세 (나) 마립간 (다) 법흥왕

2 화백

3 이사부

4 ① 신라의 법흥왕은 이차돈의 순교를 계기로 불교를 공인하였어요. 율령도 반포하였어요.

오답피하기 ② 우산국 정복은 지증왕 때, ③ 나라 이름을 신라로 확정한 것도 지증왕 때였어요. ④ 고구려 광개토대왕의 도움으로 신라에 침범한 왜를 격퇴한 것은 내물왕 때예요.

한능검 기출문제

정답 ③

풀이 국호를 신라로 확정하고, 임금의 칭호를 마립간에서 왕으로 바꾼 왕은 지증왕이에요. 지증왕은 이사부를 시켜 우산국을 정복하게 하였어요.

오답피하기 ① 신라에서 불교를 공인한 것은 법흥왕 때예요. ② 노비안검법은 고려 초 광종 때 실시한 제도예요. ④ 황룡사 9층 목탑은 신라 선덕여왕 때 세워졌어요.

본문 55쪽

14 **신라, 한강 유역을 장악하다 / 가야의 역사**

1 (가) 관산성 (나) 진흥왕 (다) 대가야 (라) 김수로왕

2 진흥왕

3 ④ 신라 진흥왕은 화랑도를 국가적 조직으로 개편하였으며, 이를 바탕으로 영토를 확장하여 신라의 전성기를 이끌었어요.

오답피하기 ① 신라에서 불교를 공인한 것은 법흥왕이에요. ② 관산성에서 전사한 것은 백제의 성왕이고요. ③ 금관가야를 정복한 것은 법흥왕이에요. 진흥왕은 대가야를 정복하였어요.

한능검 기출문제

정답 ③

풀이 화랑도를 국가적 조직으로 개편하였고, 한강 유역을 차지하며 북한산 순수비를 세운 것은 신라 진흥왕이에요. 진흥왕

은 대가야를 정복했고요.

오답피하기 ① 국학은 통일 신라의 신문왕이 설립한 최고 유학 교육기관이에요. ② 군사를 담당하는 병부를 설치한 것은 법흥왕이에요. ④ 독서삼품과는 통일 신라의 원성왕이 실시하였어요.

본문 57쪽

15 신라와 가야의 문화유산

1 (가) 호우명 그릇 (나) 신라 (다) 금관가야
2 ① 경주 첨성대는 신라의 문화유산이에요.
3 ② 익산 미륵사지 석탑은 목탑 양식을 계승한 석탑으로, 백제의 문화유산이에요.

오답피하기 ② 철제 갑옷은 가야, ③ 금동대향로는 백제의 문화유산이에요.

한능검 기출문제

정답 ③

풀이 사진 속 무덤인 천마총은 신라의 문화유산이에요. 거대한 돌무지 덧널무덤으로 만들어졌고, 그 안에서 천마도가 발견되어 천마총이라고 불러요. 신라는 지배층을 성골, 진골, 6두품, 5두품 등으로 구분하는 골품제라는 신분 제도를 두었어요.

오답피하기 ① 지방에 22담로를 둔 것은 백제였고, 무령왕 때예요. ② 영고는 부여의 제천 행사였어요. ④ 진대법은 고구려 고국천왕 때 빈민구제를 목적으로 시행하였어요.

한국사능력검정시험 도전하기

본문 59쪽

01 (제44회 초급 2번)

정답 ④

풀이 사로국의 첫 번째 왕인 박혁거세, 그러면 이 나라는 신라에요. 신라는 귀족들의 회의기구인 화백 회의를 두어 만장일치 방식으로 국가 중대사를 결정하였어요.

오답피하기 ① 위례성을 도읍으로 건국된 나라는 백제에요. ② 서옥제는 고구려의 혼인 풍습이고요. ③ 무천은 동예의 제천 행사예요.

02 (제48회 기본 5번)

정답 ②

풀이 백제 성왕과 함께 고구려를 몰아내고 한강 유역을 차지한 신라의 왕은 진흥왕이에요. 한강 하류 지역까지 백제에게 빼앗으면서 북한산에 순수비를 세웠고요. 그러므로 성왕이 왕위에 오른 뒤인 (나) 시기가 정답이 되는 거예요.

03 (제51회 기본 5번)

정답 ②

풀이 신라의 왕으로 군사에 관한 일을 맡아보는 병부를 설치하고, 율령을 반포한 이는 법흥왕이에요. 법흥왕은 이차돈의 순교를 계기로 불교를 공인하였고, 또 금관가야를 정복했어요.

오답피하기 ① 관료전을 지급하고 녹읍을 폐지한 것은 통일 신라의 신문왕, ③ 독서삼품과는 통일 신라의 원성왕, ④ 북한산 순수비를 세운 것은 신라의 진흥왕이에요.

04 (제52회 기본 4번)

정답 ②

풀이 경주의 호우총에서 발견되었고, 광개토대왕의 업적을 기리는 글이 새겨져 신라와 고구려의 긴밀한 관계를 알려주는 유물은 호우명 그릇이에요.

오답피하기 ① 자주 보이죠? 고구려의 금동연가7년명여래입상, ③ 철제 갑옷과 투구는 철 생산이 풍부했던 나라 가야의 문화유산이에요. ④ 산수무늬 벽돌은 도교의 영향을 받은 것으로 백제의 유물이에요.

05 (제54회 기본 6번)

정답 ④

풀이 김수로가 세운 나라이고, 김해 대성동 고분이 대표적 유적지인 나라는 금관가야예요. 구지가는 금관가야의 건국 이야기를 담고 있는 노래예요.

오답피하기 ① 한성, 웅진, 사비는 백제의 수도들이에요. 그중 사비로 천도한 왕은 성왕이고, 백제의 중흥을 위한 천도였어요. ② 우산국을 복속한 것은 신라의 지증왕, ③ 청해진은 통일 신라의 장보고가 해적 소탕과 해상 무역을 장악하고자 설치하였어요.

06 (제43회 초급 3번)

정답 ③

풀이 낙동강 유역을 중심으로 연맹왕국을 이루었고, 철 생산이 풍부해 낙랑과 왜 등에 철을 수출하며 교류했던 나라는 가야예요. 철 생산이 풍부하니까 철을 다루는 기술이 뛰어나 철제 갑옷과 투구도 만들었어요.

오답 피하기 ① 금동대향로는 백제, ② 금동연가7년명여래입상은 고구려, ③ 호우명 그릇은 신라 호우총에서 발견된 문화유산이에요.

Ⅲ. 남북국 시대의 전개

본문 65쪽

16 **백제와 고구려의 멸망, 그리고 부흥운동**

1 (가) 백제 (나) 백제 (다) 고구려 (라) 평양성
2 안승
3 보장
4 (나) – (가) – (다): 관산성 전투에서 성왕을 잃은 백제는 이후 신라에 대한 보복 전쟁에 모든 힘을 쏟아부었어요. 특히 의자왕 때 대야성 전투에서 신라를 물리치면서 신라는 위기에 빠졌어요. 이에 신라는 고구려에 도움을 청했지만 고구려가 이를 받아들이지 않자, 바다 건너 당나라와 나당동맹을 맺고 백제를 공격했어요. 결국 황산벌 전투에서 백제가 패하고, 사비성이 함락되면서 백제는 멸망하였어요.

한능검 기출문제

정답 ②

풀이 고구려 멸망 이후 전개된 고구려 부흥운동과 관련된 사실을 보여주고 있어요. 고구려 부흥운동은 고연무, 검모잠, 안승 등이 주도하였고, 특히 신라가 도움을 주었어요.

오답 피하기 ① 계백은 백제의 장수로 5천 결사대를 이끌고 황산벌 전투를 주도했던 인물이에요. ③ 김유신은 김춘추와 함께 신라의 삼국통일 전쟁을 이끌었고요. ④ 흑치상지는 복신, 도침 등과 함께 백제의 부흥운동을 이끌었던 인물이에요.

본문 67쪽

17 **신라, 당을 몰아내고 삼국통일을 완성하다**

1 (가) 웅진도독부 (나) 기벌포 전투 (다) 문무왕
2 문무왕
3 ④ 문무왕은 매소성 전투와 기벌포 전투에서 당을 물리치고 승리하였어요. 이를 통해 삼국통일을 완성하였어요.

오답 피하기 ① 신라의 불교 공인은 법흥왕, ② 우산국을 정복한 것은 신라의 지증왕, ③ 대가야 정복은 신라 진흥왕 때 일이에요.

한능검 기출문제

정답 ②

풀이 죽어서도 나라를 지키는 용이 되겠다면서 수중릉인 대왕암에 묻힌 신라의 왕은 문무왕이에요. 문무왕은 매소성 전투와 기벌포 전투에서 승리하면서 당을 몰아내고 삼국통일을 완성하였어요.

오답 피하기 ① 고창 전투는 후삼국 시대에 왕건의 고려군이 견훤의 후백제군을 상대로 승리한 전투예요. ③ 안시성 전투는 고구려가 당의 침략을 격퇴한 전투예요. ④ 처인성 전투는 고려 시대에 몽골군의 침략에 맞서 승리한 전투예요.

본문 69쪽

18 **삼국의 문화, 그 못다 한 이야기**

1 (가) 혜자 (나) 원광 (다) 원효
2 미륵보살
3 ② 의상은 모든 것의 조화를 강조하는 화엄사상을 주장하고, 부석사라는 절을 창건하였죠.

오답 피하기 ① 화랑도의 규율인 세속 5계를 지은 것은 원광, ③ 선덕여왕에게 황룡사 9층 목탑을 세우자고 한 사람은 자장, ④ 일심사상과 화쟁사상은 원효예요.

한능검 기출문제

정답 ②

풀이 화쟁사상을 주장하고, 무애가를 지었고, 불교의 대중화를 이끌었던 승려는 원효예요. 원효는 십문화쟁론을 지었는데,

그것이 바로 화쟁사상에 관련된 것이에요. **오답 피하기** ① 세속 5계는 원광, ③ 수선사라는 절에서 승려들의 결사운동을 주도한 것은 고려의 승려인 지눌, ④ 영주 부석사를 창건한 승려는 의상이에요.

한국사능력검정시험 도전하기 본문 71쪽

01 (제47회 기본 6번)

정답 ③

풀이 황산벌 전투에서 김유신이 이끄는 신라군이 계백이 이끄는 백제군을 상대로 승리한 상황이네요. 그것은 곧 나당 연합군에게 사비성이 함락되면서 백제가 멸망하게 되는 것을 의미해요. 백제 멸망 이후 복신과 도침, 그리고 흑치상지 등이 백제 부흥운동을 전개하였어요.

오답 피하기 ① 신라 진흥왕 때이니까 자료의 대화보다 이전이에요. ② 안시성 전투에서 패한 당이 신라와 나당동맹을 결성하여 백제와 고구려를 차례로 공격해서 멸망시키니까 이것도 자료의 대화 이전이에요. ④ 신라와 당이 나당동맹을 결성한 것은 안시성 전투 이후이면서, 자료의 대화 이전이에요.

02 (제52회 기본 7번)

정답 ①

풀이 위의 대화는 백제의 공격으로 대야성 전투 등에서 패하면서 위기를 맞은 신라가 김춘추를 고구려에 보내 도움을 청하는 상황이에요. 아래의 상황은 신라와 당이 연합하여 백제를 공격하자 백제의 계백이 5천 결사대를 이끌고 황산벌 전투에 참여하는 상황이에요. 그러므로 그 사이인 (가)에 들어갈 수 있는 것은 신라와 당이 동맹을 맺는 상황이에요. 그것이 바로 나당동맹이에요.

오답 피하기 ② 백제 성왕 때니까 위의 대화 이전이에요. ③ 대가야 멸망이 신라 진흥왕 때이니까 이것도 위의 대화 이전이에요. ④ 을지문덕이 이끈 살수 대첩은 수나라와의 전쟁이에요. 수나라 멸망 이후에 당이 중국을 지배하니까 이것도 위의 대화 이전이에요.

03 (제55회 기본 6번)

정답 ④

풀이 황산벌 전투에서 패하고 사비성이 함락되면서 백제가

멸망했어요. 그 백제 멸망 이후, 백제 부흥운동이 전개되었고요. 복신, 도침, 흑치상지 등이 왕자 부여풍과 함께 전개한 부흥운동이 바로 그거예요. 한편으로 그 백제 부흥운동을 돕기 위해 바다 건너 '왜'가 대규모 군대를 끌고 왔는데, 백강 전투에서 패하였어요. 그래서 사비성 함락 이후인 (라) 시기가 정답이 되는 거예요.

04 (제54회 기본 5번)

정답 ②

풀이 백제와 고구려가 멸망한 이후, 당이 한반도 전체를 차지하려 했어요. 그에 맞서 신라는 당을 몰아내기 위한 전쟁을 시작하였어요. 그 과정에서 신라는 매소성 전투와 기벌포 전투를 승리로 이끌며 당을 몰아내고 삼국통일을 완성하였어요. 그때 신라의 왕이 문무왕이었고요.

오답 피하기 ① 살수 대첩은 을지문덕이 이끄는 고구려군이 수의 침략을 물리친 전투, ③ 안시성 전투는 고구려가 당의 침략을 물리친 전투, ④ 황산벌 전투는 김유신이 이끄는 신라군이 계백이 이끄는 백제군을 상대로 승리한 전투예요.

05 (제47회 기본 7번)

정답 ③

풀이 신라의 승려로 당에 유학했고, 관음신앙을 전파하고, 화엄종을 개창한 승려는 의상이에요.

오답 피하기 ① 원효는 일심사상과 화쟁사상, 그리고 무애가로 유명하지요. ② 일연은 고려의 승려로 『삼국유사』를 편찬하였어요. ④ 지눌은 고려의 승려로 수선사 결사운동을 이끌었어요.

06 (제44회 초급 4번)

정답 ①

풀이 신라의 승려로, '나무아미타불'을 외우면 누구나 극락세계(=서방정토)에 갈 수 있다고 주장하여 불교를 대중화시킨 이는 원효예요.

오답 피하기 ② 의천은 고려의 승려로 천태종을 개창하였어요. ③ 지눌은 고려의 승려로 수선사 결사운동을 이끌었어요. ④ 혜심도 고려의 승려인데, 유교와 불교가 하나라는 유불일치설을 주장하였어요.

정답과 풀이

19 통일 신라의 변천

1 (가) 상대등 (나) 신문왕 (다) 김헌창의 난 (라) 호족
2 ① 신문왕은 왕권을 강화하고 귀족세력을 약화시키기 위해 관료전을 지급하고 녹읍을 폐지하였어요. 녹읍이 부활한 것은 경덕왕 때 일이에요.
3 녹읍
4 (나) – (가) – (다): 삼국통일 직후 문무왕의 뒤를 이어 왕위에 오른 신문왕은 왕권을 강화하고자 자신의 장인인 김흠돌이 난을 일으키려 한다는 이유로 제거하였어요. 그렇게 해서 강력한 왕권이 한동안 유지되다가 어린 혜공왕이 죽임을 당하고 진골 귀족 간의 치열한 왕위 쟁탈전이 벌어지는데, 그때 일어난 사건이 김헌창의 난이에요. 이후 신라는 혼란에 빠졌고, 백성들에 대한 가혹한 수탈이 진행되자 견디다 못한 신라의 농민들이 봉기하였는데, 진성여왕 때 일어난 원종과 애노의 난이 대표적이에요.

한능검 기출문제

정답 ④

풀이 자료는 신라 말, 즉 신라 하대의 상황을 보여주고 있어요. 어린 혜공왕이 죽은 뒤, 진골 귀족 간의 치열한 왕위 쟁탈전이 벌어지는데, 그 시작을 알린 사건이 김헌창의 난이에요. 이후 신라는 혼란에 빠졌고, 백성들에 대한 가혹한 수탈이 진행되자 견디다 못한 신라의 농민들이 봉기하였는데, 진성여왕 때 일어난 원종과 애노의 난이 대표적이에요.

오답 피하기 ① 만적의 난, ③ 망이 망소이의 난은 모두 고려 무신정권 시기에 일어난 사건이에요. ② 홍경래의 난은 조선 후기 19세기 초에 세도정치에 맞서 일어난 봉기예요.

20 통일 신라의 문화

1 (가) 신문왕 (나) 혜초 (다) 무구정광대다라니경
2 다보탑
3 ④ 익산 미륵사지 석탑은 백제의 대표적 문화유산이에요.

한능검 기출문제

정답 ①

풀이 통일 신라의 석탑이면서 경주 불국사에 있고, 무구정광대다라니경이 발견된 3층 탑은 불국사 3층 석탑, 즉 석가탑이에요.

오답 피하기 ② 백제의 부여 정림사지 5층 석탑, ③ 신라의 분황사 모전석탑, ④ 백제의 익산 미륵사지 석탑이에요.

21 통일 신라의 문화(유학, 인물)

1 (가) 국학 (나) 독서삼품과 (다) 설총
2 장보고
3 ② 『화랑세기』를 남긴 것은 김대문이에요. 최치원은 6두품 출신으로 당의 과거시험인 빈공과에 합격하여 이름을 날렸고, 귀국 후에는 진성여왕에게 10여 개의 개혁안을 제시하였지만, 이것이 제대로 시행되지 못하자 벼슬을 버리고 세상을 떠돌며 많은 글을 남겼어요.

한능검 기출문제

정답 ④

풀이 6두품 출신으로 당의 과거시험인 빈공과에 합격하여 이름을 날렸고, 귀국 후에는 진성여왕에게 10여 개의 개혁안을 제시하였지만, 이것이 제대로 시행되지 못하자 벼슬을 버리고 세상을 떠돌며 많은 글을 남겼던 인물은 최치원이에요.

오답 피하기 ① 설총은 원효의 아들로 '이두'를 정리하였어요. ② 이사부는 지증왕의 명에 따라 우산국을 정복하였어요. ③ 이차돈은 자신의 순교를 통해 법흥왕이 불교를 공인할 수 있도록 했어요.

한국사능력검정시험 도전하기

01 (제57회 기본 8번)

정답 ①

풀이 신문왕이 아버지 문무왕의 은혜에 감사한다는 의미를 담아 완성한 절, 바로 감은사예요.

오답 피하기 ②, ③, ④ 여기 나온 절터들은 구색 갖추기로 제시

된 절터예요. 한국사 관련 문제에서 정답으로는 절대 나올 수 없고요. 오답이니까 나올 수 있어요. 이런 선지들은 편안한 마음으로 보면 충분해요.

02 (제47회 기본 8번)

정답 ①

풀이 사료를 직접 제시하고 그 사이에 있었던 일을 찾는 문항이네요. (가) 사료에 보면 김헌창이 반란을 일으켰다는 얘기가 보이지요? 혜공왕이 죽은 뒤, 진골 귀족 간의 치열한 왕위 다툼, 즉 신라 하대의 시작을 알리는 상황이에요. (나)는 최치원이 당에서 돌아와 당시 왕인 진성여왕에게 10개의 개혁안을 올리는 상황이고요. 그러니까 (나)에는 신라 하대에 있었던 일이 들어갈 수 있는 거예요. 기억나요? 신라 하대에 가혹한 수탈에 시달리던 농민들이 일으킨 봉기, 바로 원종과 애노의 봉기예요.

오답 피하기 ② 김흠돌의 난은 삼국통일 직후인 신문왕 때, ③ 우산국 복속은 지증왕 때, ④ 을지문덕이 살수 대첩에서 수를 물리친 것은 고구려 영양왕 때인데 ②, ③, ④ 모두 (가) 이전의 사실들이에요.

03 (제47회 기본 9번)

정답 ④

풀이 경주 불국사 3층 석탑에서 발견된 문화유산으로, 현재 남아있는 목판 인쇄물 가운데 세계에서 가장 오래된 것으로 알려진 「무구정광대다라니경」이에요.

오답 피하기 ① 팔만대장경은 고려 시대에 부처의 힘을 빌려 몽골의 침입을 물리치고자 만들어졌어요. 지금은 경남 합천 해인사에 보관되어 있어요. ② 왕오천축국전은 통일 신라의 승려 혜초가 인도와 중앙아시아의 여러 나라를 돌아보고 남긴 기행문이에요. ③ 직지심체요절은 현존하는 세계에서 가장 오래된 금속활자본인데, 고려 말 청주 흥덕사에서 간행하였어요. 지금은 프랑스국립도서관에 보관되어 있어요.

04 (제48회 기본 7번)

정답 ①

풀이 통일 신라의 대외 교류를 묻는 문항이에요. 통일 신라의 흥덕왕 때 장보고는 지금의 전라남도 완도에 청해진을 설치하여 해상 무역을 주도하였어요.

오답 피하기 ② 무역소를 설치하여 여진과 교역한 것은 조선 초, ③ 개시 무역과 후시 무역이 발달한 것은 조선 후기, ④ 낙랑과 왜에 철을 수출한 것은 삼한 가운데 변한, 그리고 가야예요.

05 (제50회 기본 8번)

정답 ③

풀이 경주에 있으며, 김대성이 조성했고, 그 안에 석가탑과 다보탑이 나란히 서 있는 절은? 맞아요. 불국사예요. 불국사의 불국은 부처님의 나라를 의미해요. 불교의 이상세계를 표현했다는 의미로 불국사라는 이름을 지은 거예요.

오답 피하기 ① 금산사는 후백제의 견훤이 아들 신검에게 왕의 자리를 빼앗기고 유폐되었던 곳으로 유명해요. ② 법주사는 사진에 나와 있는 5층의 목탑이 유명한데, 그것이 법주사 팔상전이에요. 조선 후기에 만들어진 것으로 현재 남아있는 가장 오래된 목탑으로 알려져 있어요. ④ 수덕사 대웅전 모습인데요, 이 건축물은 고려 시대 건축물로 현재 남아있는 가장 오래된 목조 건축물로 알려져 있어요.

06 (제45회 초급 8번)

정답 ③

풀이 '신라의 학자였고, 6두품 출신, 당에서 빈공과에 합격, 계원필경을 남겼다.' 누군지 그려지나요? 바로 최치원이에요. 최치원은 원종과 애노의 난을 겪으면서 혼란스런 상황을 겪고 있던 신라의 상황을 수습하고자 당시 왕이었던 진성여왕에게 시무 10여 조를 바쳐 개혁을 촉구했어요.

오답 피하기 ① 삼국유사를 편찬한 것은 고려의 승려 일연, ② 왕오천축국전을 남긴 것은 신라의 승려 혜초, ④ 무애가를 지어 불교를 대중화한 이는 원효예요.

본문 85쪽

22 발해의 역사

1 (가) 대조영 (나) 장문휴 (다) 발해 (라) 발해

2 ③ 영락은 고구려 광개토대왕 때 사용한 연호예요.

3 거란

4 해동성국

한능검 기출문제

정답 ④

풀이 사진 속 문화유산은 발해의 '치미'예요. 그리고 말풍선 속 설명에서 대조영이 고구려를 계승하여 세웠다는 이야기가 있지요? 그러니까 밑줄 그은 국가는 발해예요. 발해는 "해동성국"으로 불리며 크게 발전하였어요.

오답 피하기 ① 수의 침략을 물리친 건 고구려예요. 을지문덕의 살수 대첩 기억나지요? ② 기인제도는 고려의 태조 왕건이 실시한 제도예요. ③ 독서삼품과는 통일 신라의 원성왕 때 실시한 제도예요.

본문 87쪽

23 발해의 정치와 문화

1 (가) 당 (나) 정당성 (다) 중정대 (라) 5경 15부 62주
2 이불병좌상
3 ② 칠지도는 백제에서 만들어져 일본에 보내진 문화유산이에요. 백제와 왜의 긴밀한 관계를 알려주는 유물이란 거 기억해두세요.

한능검 기출문제

정답 ④

풀이 사진 속 문화유산은 발해의 영광탑이에요. 발해는 3성 6부제를 바탕으로 정치를 해나갔는데, 3성 가운데 정당성이 최고 관청이었고, 그 정당성 아래에 6부를 두어 행정을 담당하게 하였죠.

오답 피하기 ① 송악에서 철원으로 도읍을 옮긴 것은 궁예가 세운 후고구려예요. 궁예는 나라 이름도 마진, 태봉으로 바꾸었어요. ② 살수에서 수의 침략을 물리친 것은 고구려예요. ③ 독서삼품과를 시행한 것은 통일 신라의 원성왕이예요.

본문 89쪽

24 후삼국 시대의 전개

1 (가) 견훤 (나) 궁예 (다) 후백제 (라) 고려
2 광평성

3 (나) – (가) – (라) – (다): 궁예의 부하였던 왕건이 다른 호족과 함께 궁예를 몰아내고 고려를 건국하였어요. 이후 태조 왕건이 이끄는 고려군이 공산성 전투에서 견훤의 후백제군에게 크게 패하였어요. 위기를 넘긴 왕건은 다시 군대를 이끌고 고창 전투에서 후백제군을 크게 물리쳤어요. 그 상황에서 힘이 약해진 신라가 고려에 항복을 하게 되지요. 이제 마지막 대결, 일리천 전투에서 고려군이 후백제군을 격파하면서 후삼국 시대를 통일하게 되는 거예요. 이 흐름을 따라가는 것이 다소 어려울 거예요. 그런데 한국사 능력검정시험에서 이 순서 문제가 제법 많이 나와요.

한능검 기출문제

정답 ③

풀이 (가)는 고창 전투, (나)는 고려의 건국, (다)는 일리천 전투예요. 그러면 순서가 나오지요? (나) – (가) – (다)의 순서예요.

✏️ **한국사능력검정시험 도전하기**

본문 91쪽

01 (제49회 기본 10번)

정답 ④

풀이 고구려의 옛 영토를 대부분 회복하며 전성기에 해동성국으로 불린 나라는 발해예요. 발해는 인안, 대흥 등의 독자적인 연호를 사용하였어요.

오답 피하기 ① 상수리 제도는 신라, ② 전국을 9주 5소경으로 나누어 다스린 나라는 통일 신라예요. ③ 상가, 고추가 등의 여러 가들이 참여하는 제가회의에서 국가의 중요한 일을 결정한 나라는 고구려예요.

02 (제44회 초급 10번)

정답 ②

풀이 발해의 문화유산을 찾는 문항이에요. 두 명의 부처가 나란히 앉아있는 모습을 표현한 이불병좌상이 발해의 불상이에요.

오답 피하기 ① 금동대향로는 백제, ③ 금관총과 천마총은 신라의 무덤이에요. ④ 철제 판갑옷과 투구는 철의 나라 가야의 문화유산이에요.

03 (제52회 기본 9번)

정답 ④

풀이 수도가 상경성이고, 전성기에 해동성국으로 불린 나라는 발해예요. 발해는 전국을 5경 15부 62주로 나누어 다스렸어요.

오답피하기 ① 경당은 고구려의 교육기관이에요. 소수림왕 때 설립한 태학과 함께 말이죠. ② 정사암에서 국가 중대사를 결정한 건 백제예요. ③ 청해진을 중심으로 해상 무역을 전개한 나라는 통일 신라예요.

04 (제54회 기본 10번)

정답 ②

풀이 공산 전투에서 고려를 물리친 것은 후백제예요. 후백제를 이끌었고, 아들 신검에게 왕의 자리를 빼앗기고 금산사에 유폐되었다가 탈출하여 왕건에 투항한 사람은 견훤이에요. 견훤은 완산주(전주)에 도읍을 정하고 후백제를 건국하였어요.

오답피하기 ① 송악에 후고구려를 세웠다가 철원으로 천도한 건 궁예예요. ③ 훈요 10조를 남긴 건 고려의 태조 왕건이에요. ④ 신라의 마지막 왕인 경순왕이 고려에 항복하자, 왕건은 경순왕을 경주의 사심관으로 임명하였어요.

05 (제50회 기본 10번)

정답 ④

풀이 '신라 왕족의 후예로 알려져 있고, 송악을 도읍으로 삼아 나라를 세웠다.' 짐작이 가나요? 맞아요. 궁예예요. 궁예는 스스로를 미륵불이라고 칭하였는데, 송악에서 철원으로 나라를 옮긴 뒤 후고구려라는 국호를 마진, 태봉으로 바꾸었어요.

오답피하기 ① 훈요 10조를 남긴 건 고려의 태조 왕건, ② 청해진을 설치한 건 통일 신라의 장보고, ③ 백제 계승을 내세워 후백제를 세운 건 견훤이에요.

06 (제51회 기본 11번)

정답 ④

풀이 신라의 마지막 왕인 경순왕이 후백제의 압박에 시달리다 고려의 왕건에게 스스로 나라를 넘기는 상황을 연표에서 고르는 거예요. 고려 건국 → 공산 전투 → 고창 전투 → 신라 항복 → 일리천 전투(후백제 멸망), 이 순서를 기억하는지 묻는 거예요. 신라의 항복은 고창 전투 다음이니까 (라)가 정답이 되는 거예요.

이미지출처

10쪽 **주먹도끼:** ⓒ국립중앙박물관, **슴베찌르개:** ⓒ충북대학교박물관

11쪽 **찍개:** ⓒ국립중앙박물관

12쪽 **가락바퀴:** ⓒ국립청주박물관, **조개껍데기 가면:** ⓒ국립중앙박물관, **빗살무늬 토기:** ⓒ국립중앙박물관

14쪽 **반달돌칼:** ⓒ국립중앙박물관

17쪽 **갈돌과 갈판:** ⓒ국립중앙박물관

18쪽 **기마 인물형 토기:** ⓒ국립중앙박물관, **철제 농기구(보습):** ⓒ국립공주박물관

22쪽 **세형동검:** ⓒ국립중앙박물관, **명도전:** ⓒ국립중앙박물관

32쪽 **호우명 그릇:** ⓒ국립중앙박물관

35쪽 **광개토대왕릉비:** ⓒ국립중앙박물관

36쪽 **금동연가7년명여래입상:** ⓒ국립중앙박물관, **장군총:** ⓒ연합뉴스, **현무도:** ⓒ동북아역사재단

46쪽 **지안의 산성하 고분군(고구려):** ⓒ동북아역사재단, **금동대향로:** ⓒ연합뉴스, **산수무늬 벽돌:** ⓒ국립부여박물관

50쪽 **파주 용미리 마애이불입상:** ⓒ문화재청

52쪽 **이차돈 순교비:** ⓒ국립경주박물관

56쪽 **천마도:** ⓒ연합뉴스, **경주 배동 석조여래삼존입상:** ⓒ문화재청, **판갑옷과 투구(가야):** ⓒ연합뉴스, **바퀴장식 뿔잔(가야 토기):** ⓒ국립진주박물관

68쪽 **금동미륵보살반가사유상:** ⓒ국립중앙박물관, **고구려 수산리 고분벽화:** ⓒ동북아역사재단, **일본 다카마쓰 고분벽화:** ⓒ연합뉴스

76쪽 **불국사 3층 석탑(석가탑):** ⓒ문화재청, **다보탑:** ⓒ연합뉴스, **무구정광대다라니경:** ⓒ연합뉴스, **석굴암 본존불:** ⓒ연합뉴스, **성덕대왕신종:** ⓒ연합뉴스

81쪽 **여주 고달사지:** ⓒ문화재청, **원주 법천사지:** ⓒ문화재청

83쪽 **수덕사:** ⓒ문화재청

86쪽 **발해 석등:** ⓒ연합뉴스

91쪽 **온돌 시설:** ⓒ국립문화재연구원, **연꽃무늬 수막새:** ⓒ국립중앙박물관, **금관총 금관:** ⓒ국립경주박물관